静岡市歴史人物墓巡り

岩堀 元樹

はじめに

　静岡市（駿府）は、戦国時代に今川氏が支配していたが、今川氏が没落しはじめると武田・徳川・今川・北条の4氏が争う戦場となり、最終的には徳川家康の支配する所となった。家康が関東に移ると豊臣政権下に置かれたが、関ヶ原以降はまた徳川氏の領地となった。以降江戸時代を通して駿府は徳川家にとって縁の深い土地となり、最後の将軍徳川慶喜はこの地で謹慎した。家康が生涯で最も長く過ごした所がこの静岡であり、そういう意味も含め徳川色が濃い土地柄である。

　静岡市内は非常に著名人の墓が多い。市町村レベルでは、京都市、高野町（高野山）に次いで多いのではないかと思う。その理由は家康、慶喜ゆかりの地で、その関係人物の墓が多いことが筆頭に挙げられる。そのほか戦国武将や清水の次郎長関連の墓も多く有り、本書に掲載した人物は約180人となった。

　収載した基準はかなり曖昧な部分もあるが、一つはネットで検索したときにその人物がでてくるかどうかで判断した。なお供養塔なども墓扱いとした。寺院の宗派によって、戒名、法号、法名を区別しているところもあるが、本書では一律「法名」とした。

　本書により、地元静岡市に眠る人物を改めて再認識し、探墓をしてもらえればと思います。

目　次

清水区

浄瑠璃姫 …… 10
北条新三郎① …… 11
今川氏兼 …… 12
大久保甚太夫 …… 13
鈴木重経 …… 14
北条新三郎② …… 15
井出正次 …… 16
由比光教 …… 17
舎人親王 …… 18
松平昌信 …… 19
三橋虎蔵 …… 20
穴山梅雪① …… 21
浄蓮房 …… 22
松濤権之丞 …… 23
広瀬長江 …… 24
向井政綱・政重 …… 25
具志頭王子 …… 26
土屋秀直 …… 27
武田信玄 …… 28
穴山梅雪② …… 29
天野景直① …… 30
蜷川親賢 …… 31
朝比奈信置 …… 32

天野景直② …… 33
松平信康 …… 34
松浦成清 …… 35
深澤豊太郎 …… 36
和田島太郎左衛門 …… 37
山田房五郎 …… 38
深雪 …… 39
播磨屋作右衛門 …… 40
都田吉兵衛 …… 41
清水次郎長 …… 42
大政 …… 43
小政 …… 44
森の石松 …… 45
増川仙右エ門 …… 46
お蝶3代 …… 47
山岡鉄舟 …… 48
高山樗牛 …… 49
白縫姫 …… 50
源為朝 …… 51
田中孫七 …… 52
太田健太郎 …… 53
窪田鎮勝・鎮章 …… 54
森元温 …… 55
神戸麗山 …… 56
梶原景時①・景季①
　　　・景高① …… 57
梶原景時②・景季②
　　　・景高② …… 58

駿河区

徳川家康 …… 60
かしく坊 …… 61
榊原清政 …… 62
榊原照久 …… 63
榊原喬長 …… 64
榊原亮長 …… 65
榊原照昌 …… 66
榊原久寛 …… 67
榊原長良 …… 68
榊原照郷 …… 69
榊原照成 …… 70
榊原久通 …… 71
井出八郎右衛門 …… 72
朝比奈泰勝 …… 73
城景茂 …… 74
岡部元信・孕石元泰
　　　・元成 …… 75
安東文吉 …… 76
浜田るん …… 77
海野忠宗 …… 78
海野厚 …… 79
海野晋吉 …… 80
海野孝三郎 …… 81
安部元真① …… 82

山梨稲川① …… 83
鳥居吉清 …… 84
北川殿 …… 85
片桐且元 …… 86
三浦正勝 …… 87
多田元吉 …… 88
野沢昌樹 …… 89
山口黒露 …… 90
向井正重 …… 91

葵区

瀬名一秀 …… 94
瀬名氏貞 …… 95
前島豊太郎 …… 96
由比正雪 …… 97
斉藤宗林 …… 98
本間秀年 …… 99
山内甚五左衛門 …… 100
お万の方 …… 101
大久保忠宜 …… 102
酒依昌吉 …… 103
湊省太郎 …… 104
湊新八郎 …… 105
岸本十輔 …… 106
勝小吉・信子・順子 …… 107
吉見義次 …… 108
林源治 …… 109

林惟純 …… 110	戸塚柳斎 …… 137
大久保忠恕 …… 111	鵜殿鳩翁 …… 138
羽田正見 …… 112	馬場信房 …… 139
星野鉄太郎 …… 113	雪斎 …… 140
矢口謙斎 …… 114	中村一氏 …… 141
小杉直吉 …… 115	中村一氏妻 …… 142
伴門五郎 …… 116	今川義元正室 …… 143
関谷鉊次郎 …… 117	今川範政 …… 144
橘周太 …… 118	今川範忠 …… 145
松平康次 …… 119	今川義忠 …… 146
貴志正吉 …… 120	今川氏輝 …… 147
貴志忠美 …… 121	関口隆吉 …… 148
西尾利氏 …… 122	永峰弥吉 …… 149
加藤忠恕 …… 123	竹内正策 …… 150
梅澤孫太郎 …… 124	今川義元 …… 151
梅澤敏 …… 125	小野高寛 …… 152
大杉栄 …… 126	小野於通 …… 153
朝比奈元長 …… 127	後藤光次 …… 154
柏原孝章 …… 128	竹中重房・重賢 …… 155
源応尼 …… 129	広瀬安行 …… 156
お久の方 …… 130	松平忠明 …… 157
市姫 …… 131	旭姫 …… 158
松平信之・安藤直之 　　　・安藤広栄 …… 132	柴田泰山 …… 159
	お愛の方 …… 160
岡部正綱 …… 133	伊部勘右衛門 …… 161
佐藤継成 …… 134	日遠 …… 162
石川総因 …… 135	小栗尚三 …… 163
山梨稲川② …… 136	浮田幸吉 …… 164

松平重勝 …… 165

今堀登代太郎 …… 166

青木昆陽 …… 167

一華堂乗阿 …… 168

梅屋勘兵衛 …… 169

落合道次 …… 170

小出東嶂 …… 171

狩野貞長 …… 172

今川氏親 …… 173

柘植正俊 …… 174

柘植正時 …… 175

柘植正直・正利 …… 176

松平勝政 …… 177

松平勝忠 …… 178

聖一国師 …… 179

大石五郎右衛門 …… 180

朝倉時景 …… 181

朝倉周景 …… 182

朝倉宣正 …… 183

一条一 …… 184

山田長政 …… 185

諏訪信真① …… 186

安部元真② …… 187

海野元重 …… 188

諏訪信真② …… 189

〈凡　例〉

○本書は静岡市内にある人物の墓碑（供養碑・伝承墓・遺髪塔・首塚等）を著者が撮影してまとめたものである。

○清水区・駿河区・葵区の順に墓碑の写真を掲載して人物を紹介した。

○市内に複数の墓碑がある人物には、人物名のあとに①②と付けて①にその人物の説明をした。

○参考文献は『寛政重修諸家譜』を基本としたが、寺院からの情報、インターネットでの情報や郷土資料なども照らし合わせて記述した。

○本書は、埋もれている地元の名墓の所在を認知してもらいたいことが一番の目的であり、郷土史研究の発展のために一読されることを願うものである。

清水区

浄瑠璃姫（？〜？）

静岡市清水区
蒲原124付近

　実在したかどうかも不明な人物。源義経と美しい姫浄瑠璃との恋模様を描いた「浄瑠璃姫物語」で有名。義経が京都から奥州藤原氏を頼って旅を続ける途中、三河矢作の兼高長者の屋敷に泊まる。そこで兼高の娘浄瑠璃と恋に落ちた。そして「必ず迎えにくる」との言葉と形見の「薄墨の笛」を与えて義経一行は奥州に旅立つ。しかし浄瑠璃姫は待ちきれず義経を追って東を目指したが、ここ蒲原の吹き上げの浜で疲労のため落命したという。浄瑠璃姫の物語はいくつもの伝説が残っているが、清水区村松の鉄舟寺には「薄墨の笛」が現存している。この墓は蒲原中学校のすぐ前に建てられている。

北条新三郎① （？～1569）

静岡市清水区
蒲原1-14付近

　長寿で有名な北条幻庵の次男。綱重、氏信、時之とも。山梨県韮崎市清哲町にある墓には「新三郎時之」とあるが、「氏信」が正しいようだ。一族でもある北条氏康に仕えた。兄の三郎が早死したため家督を継ぐ。1563年（永禄6）小机城主（神奈川県横浜市港北区）となる。1568年（永禄11）武田信玄の駿河侵攻の備えとして蒲原城に入城。蒲原城の大改築を行う。しかし1569年（永禄12）12月6日武田勝頼・信豊に攻められ落城。弟長順とともに討死した。法名「常楽寺殿衝天良月大居士」。曾孫に徳川家康の側室で頼宣・頼房の生母にあたる養珠院お万の方がいる。

今川氏兼 (1329？～1398)

龍雲寺

静岡市清水区
蒲原2-12-10

範国の三男として生まれる。直世とも。修理亮、弾正少弼、越後守。駿河今川家の祖今川貞世の弟。子孫は蒲原氏を名乗る。1370年（応安3）細川頼之に従い戦功があり、将軍足利義満より遠江国山梨の地を賜った。兄の貞世が九州地方の南朝方菊池氏と戦ったときはそれに従った。1398年（応永5）没と伝えられているが、墓石には1372年に該当する「應安五　壬子」が読み取れた。応永と応安が似ているためどこかで伝え間違いが起こったと思われるがどちらが正しいかは不明。法名「龍雲寺殿江岩金月大居士」。息子の今川越後守直忠が氏兼の菩提の為にこの龍雲寺を再建した。

大久保甚太夫 (?〜1653)

龍雲寺

　静岡市清水区
　蒲原2-12-10

　高松藩士。槍の名手。1653年(承応2)甚太夫は江戸に向かう途中、興津川付近で薩摩藩士の行列と槍と槍の穂先が触れたことで口論となった。辱めを受けた甚太夫は、先の蒲原宿の茄子屋前の辻で大名行列を待ち伏せして斬りかかり数十人（70人とも）を斃した。乱闘の末力尽き薩摩藩士によって殺されたという。なお、1653年（承応2）の高松藩主は徳川家康の孫松平頼重、薩摩藩主は島津光久であった。墓石には法名「覚源道頓居士」と没年「羑應二癸巳四月初八日」が刻まれている。横の丸い墓は甚太夫の従者とされている。

鈴木重経（?～1569）

善福寺

静岡市清水区
蒲原 3817-4

　穂積繁朝の子。但馬守。北条氏の家臣。北条新三郎に従い、蒲原城を守る。1569年（永禄12）12月6日武田氏に蒲原城を攻められ主君新三郎とともに討死した。法名「英俊院殿雄山良貞居士」。新八郎重継、甚平重元、新平重貞の3人の子供がいる。墓石は1858年（安政5）次男重元の子孫幕臣鈴木重嶺の建立による。なお、墓石には「穂積重経之墓」とある。

北条新三郎② (?〜1569)

蒲原城跡

　静岡市清水区
　蒲原1-14付近

　新三郎の墓は全国で4ヶ所有る。静岡市清水区蒲原1-14付近では「常楽寺殿衝天良月大居士」、三島市大社町の祐泉寺では「三光院殿孝誉良玄大居士」、そして山梨県韮崎市清哲町にある墓とここ蒲原城跡にある墓には「善福寺殿衝天良月大居士」と4ヶ所の墓と3つの法名がある。

井出正次 (1552〜1609)

妙隆寺

　　静岡市清水区
　　蒲原3-30-19

　井出志摩守正次は、井出藤九郎正行の長男で父子共に武勇に優れていたといい、今川・徳川に仕えた。北条攻めの際は、徳川家康の臣として山中城攻略に参戦。その後、三島の代官に任じられた。1609年（慶長14）2月26日没。家康に献言するも聞き入れてもらうことができず、国分寺（三島市泉町）に於いて自害したともいう。三島市の国分寺の墓石の後ろにある碑文にそのあたりの事が詳しく刻まれている。そこを抜粋すると「……慶長十四年二月二十六日興津清見寺ニ御休息中ノ徳川家康公ニ富士山重須本門寺御霊宝還住方献言セルモ入レラレズ斯クテハ天正十年三月三日自己ノ館ニ於テ公トノ確約ガ果セザル事ヲ遺憾トシ追ニ当寺ニ於テ自害セル者也……」とある。正次は、用水路を造るなどの治水工事の事跡が伝えられていて名代官としての誉れが高かったという。正次の法名は「心性院殿蓮夢日安大居士」。この墓は、昭和40年2月26日に後裔の井出正氏により建立された。

由比光教(?～1560)

本光寺

　静岡市清水区
　由比617

　出羽守光張の嫡子。今川家の家臣。今川義元と玄広恵探が家督をめぐって争ったときには義元に付いた(花倉の乱)。1560年(永禄3)5月19日、桶狭間の戦いで討死。法名「観樹院殿圓譽實道居士」と「由比助四郎光教之墓」が墓石に刻まれている。子の光広は、家臣とともに帰農。光教を中心に、子孫の墓が並んでいる。この墓石は昭和16年子孫の方によって建立された。

舎人親王 (676～735)

静岡市清水区
但沼町 820 付近

　天武天皇の息子。奈良時代初期に聖武天皇の補佐として権力を振るった。720年（養老4）に日本書紀（日本紀）の編纂を行う。同年、実力者藤原不比等が亡くなると知太政官事となり、長屋王とともに皇親政権を確立する。729年（天平元）長屋王の変で長屋王を倒し藤原四兄弟（不比等の子たち）の政権に協力した。735年（天平7）平城京で死去。60才。しかし、日本風土記編纂のため信濃から駿河に向かう途中、この但沼で病となり薨去したとここでは伝えられている。さらにこの地では、親王囃子が今でも伝えられていて静岡市指定無形民俗文化財に指定されている。舎人親王と書かれた石碑と社が舎人親王御陵とされている。

松平昌信 (1728～1771)

龍津寺

　静岡市清水区
　小島町 135

　信嵩の長男として小島で生まれた。小島藩滝脇松平家3代藩主。従五位下。内匠頭、安房守。小島藩はわずか1万石で城を持たない大名。常に財政が窮乏化しており、昌信はこれを改善するため支出の削減、年貢増徴などを次々行い改革を進めていったが、1764年（明和元）昌信が大坂にいる間に領内で百姓一揆が勃発。藩内改革は失敗に終わり、百姓側の年貢軽減要求を受け入れた。3才で家督を継ぎ、非常に苦労した藩主であり、白隠禅師に傾倒していたという。1771年（明和8）6月27日没。43才。墓石に法名「楞伽院殿従五位前房州刺史圓入止観大居士」とある。

三橋虎蔵 (1825～1876)

龍津寺

　静岡市清水区
　小島町135

　斧右衛門の長男。名は盛任。弟に湊信八郎信任がいる。伊庭秀業のもとで心形刀流を学ぶ。幕府の講武所へ出仕して剣術師範役。講武所での猛稽古は有名で、稽古相手の喉を突き絶命させたりもした。講武所が廃止となると1866年（慶応2）10月高橋泥舟や榊原鍵吉などとともに遊撃隊の頭取となる。遊撃隊の一部は旧幕府軍として伊庭八郎らにより箱館まで行って戦ったが、虎蔵は恭順派に属して静岡藩に仕えた。1876年（明治9）8月26日没。52才。墓石正面に「三橋虎蔵之墓」、側面に法名「剛道義剣居士」と妻の法名もある。

穴山梅雪① (1541 ?〜1582)

霊泉寺

　　静岡市清水区
　　興津井上町234-1

　信友の子。母は武田信玄の姉。妻が信玄の娘。武田信玄・勝頼に仕え、筆頭重臣。駿河の江尻城主。三方原の戦い・長篠の戦いに参戦。勝頼とは相性が悪かったらしい。そのためか1582年（天正10）2月徳川家康からの勧めに乗り、武田家から離反した。同年所領安堵の御礼のため、家康とともに安土の信長のもとに伺い、そのあと堺見物をした。しかし同年6月2日、本能寺で信長が明智光秀に討たれてしまう。急遽帰国しようとしたが、山城国宇治田原で、土民に襲われて落命。一説には、家康の謀略によって殺されたともいう。墓石正面に戒名「霊泉寺殿古道賢集公大居士」とある。側面に没年「天正十年六月二日」とあるが6月2日早朝が本能寺の変の日であり、同じ日に梅雪も亡くなったことになる。横の五輪塔も梅雪のものであろうか。静岡市清水区上原に上原地蔵堂という建物があるが、そこは家康と梅雪が会見した場所という。

浄蓮房(?〜?)

耀海寺

静岡市清水区
興津本町223

　本名興津左衛門入道で興津の人。浄蓮上人。日蓮大聖人の弟子であり、浄蓮上人の名前は日蓮大聖人より賜った。1279年(弘安2)駿河国富士郡熱原(静岡県富士市厚原)の日蓮大聖人の弟子に加えられた弾圧事件では、外護の任にあたっており強烈な信徒であった。同じ信徒の駿河国富士郡の高橋六郎兵衛入道と縁戚関係であったという。

松濤権之丞 (1836〜1868)

耀海寺

静岡市清水区
興津本町223

　通称は権之丞。泰明。松濤は、松波または松浪と表記されるときもある。寺男だったが、御家人株を買い幕臣となる。1861年(文久元)12月外国奉行水野忠徳が咸臨丸で小笠原諸島を調査したときに従う。八丈島に残り島の管理を行ったり、ジョン万次郎と鳥島に上陸したりした。1863年(文久3)遣仏使節の随員としてフランスに赴いた。途中エジプトのスフィンクスに立ち寄った際の写真が残る。帰国後は勝海舟のもとで陸軍軍事方。新撰組近藤勇助命のために相馬主計は松濤権之丞の書状を携えて行ったという。1868年（慶応4）館山にいる幕府軍の榎本武揚を説得に行ったとき、幕臣たちによって殺害された。殺害された場所や日時については諸説ある。墓石に「休現院殿恭光日誠居士」「明治三年六月二十日」が刻まれているが何故か没年が合っていない。この法名と年号は東京都文京区向丘の西教寺にある権之丞の墓石と完全一致していることから、西教寺を模倣したと思われる。

広瀬長江（1884～1917）

耀海寺

   静岡市清水区
   興津本町 223

　1884 年（明治 17）東京に生まれる。明治期～大正期の画家。静岡県伊豆市修善寺の新井旅館に滞在して作品を多数描いている。新井旅館は横山大観、芥川龍之介、島崎藤村なども利用した旅館で現在も営業をしている。新井旅館の 3 代目館主相原沐芳と安田靫彦画伯を引き合わせて仲介を行ったりもした。美人画が多く、主な作品として「妓女」「藤娘」「若衆と娘」「奴の小萬」「不破」「観桜」などがある。1917 年（大正 6）没。墓石に法名「瑞厳長江紳士」とある。

向井政綱・政重 (1557～1624 ?～1614)

清見寺

静岡市清水区
興津清見寺町418-1

　一番奥が向井兵庫頭政綱、その横が向井兵庫助政重の墓で、一番手前は不明である。向井政綱（正綱とも）は、伊賀守正重の次男で父子共に武田家に仕える。武田家滅亡後は、徳川家康に仕え、長久手・小田原などに参戦。主に水軍を率いる。1624年(寛永元)3月26日没。(1625年説有り) 69才。墓石の丸い部分に、「兵庫頭」の文字が見える。向井政重は、清水の箕輪城の生まれで武田家の臣。伊賀守正重とは別人。武田家滅亡後は、政綱と同じく家康に仕える。1614年(慶長19) 5月没。墓石には、「慶長十九年甲寅年五月卒　日域河陽州清水県之□産　向井兵庫助政重　其諱曰玄竜　其字曰天渓」と刻まれていたらしいが、風化で今は何も読み取ることは出来ない。政重は、政綱と兄弟と思われる。

具志頭王子 (1578～1610)

清見寺

静岡市清水区
興津清見寺町 418-1

　琉球の尚懿の次男。尚宏具志頭王子朝盛という。1609年（慶長14）琉球の尚寧王は、薩摩の島津軍の侵略によって破れ捕虜となった。1610年（慶長15）尚寧王と弟の具志頭は江戸の将軍秀忠に謁見するため、島津家久に伴われてきた。同年4月11日に薩摩を出発、8月9日には駿府において大御所家康に謁見。しかし、具志頭王子はもとより体調がすぐれず、8月21日病没した。33才であったという。島津家久と尚寧王は1日前に具合の悪い具志頭王子を駿府に残して出発している。家康もその死を悼み家臣を遣わして葬礼を行った。法名「求王院殿大洋尚公大居士」。この墓石は、1790年（寛政2）12月9日に子孫によって再建されたものである。墓石正面に法名が刻まれている。後ろには古い墓石も残っている。

土屋秀直（?～1754）

清見寺

静岡市清水区
興津清見寺町418-1

　朽木伊予守稙昌の3男。土屋朝直の娘を娶り、土屋家の養子となる。徳川幕府の家臣で1706年（宝永3）1月28日徳川5代将軍綱吉に拝謁。御使番、火事場見廻、御小姓の番頭を務めたあと1724年（享保9）12月18日従五位下兵部少輔に任じられる。1728年（享保13）4月徳川8代将軍吉宗の日光参拝に供奉した。1751年（宝暦元）3月25日駿府城代となる。1754年（宝暦4）8月12日駿府において死す。68才。法名「全脱」。墓石には「土屋兵部少輔源秀直之墓」とある。

武田信玄 (1521〜1573)

大乗寺

静岡市清水区
草ヶ谷114

　1521年(大永元)11月3日信虎の長男として生まれる。1536年(天文5)元服し、晴信と名乗る。甲斐信濃で武名を表し、特に上杉謙信との川中島の戦いは有名。三方原の戦いでは、徳川家康を完膚なきまでに破り大ダメージを与えた。敵といえど家康は信玄を尊敬し続け、武田氏滅亡後も多くの家臣を取り入れ、その多くを井伊直政の下に配属した。1573年（元亀4）4月12日没。53才。病死とも鉄砲傷ともいわれ、その死亡した場所さえ異説がある。墓は寺の天野家墓地内にあり、法名「城池院殿英雄機山大法居士」が刻まれている。信玄の法名は、「恵林寺殿機山玄大居士」（京都市妙心寺玉鳳院墓碑他）、「法性院機山大居士」(甲府市岩窪町墓碑他)などがあるが、各々に「機山」が共通しているのがわかる。信玄の墓は各所にあるが、ここの墓は案内板もなにもなく、その所在すら知られていない。

穴山梅雪② (1541 ?～1582)

大乗寺

静岡市清水区
草ヶ谷114

　天野家墓地内にある。近くに武田信玄の墓もあるが、穴山梅雪の墓は法名も読み取りにくく信玄墓に比べて目だたない。説明板もないので、墓石に刻まれた法名「天正院殿穴山入道梅雪居士」で確認するしかない。よく探さないと、見落としてしまう。

天野景直① (?〜1626)

大乗寺

静岡市清水区
草ヶ谷114

　天野家墓地内、武田信玄墓に並んである。小四郎景直は、遠江犬居城主天野宮内右衛門景貫の次男。天野家は、徳川家康に従っていた時期もあったが、のちに武田氏に誼を通じ、景直は人質として武田家に預かりの身となった。武田氏滅亡後は、北条氏照のもとに身をよせたこともあったらしいが、晩年は出家してこの清水草ヶ谷の地に邸を構えた。秋葉山峰本院（静岡市清水区西久保）の初代住職にもなっている。1626年（寛永3）5月5日没。82才。法名「是性院秋庵紹桂居士」が正面に、「天野小四郎景直」が側面に刻まれている。この墓は、昭和4年12月再建されたものである。また、妻も合碑されていて法名「錦章院春秋妙元大姉」とある。

蜷川親賢（？～1873）

大乗寺

静岡市清水区
草ヶ谷114

　蜷川家は室町時代に足利将軍に仕えた名家。親長のときに徳川家康に仕え、代々幕臣となった。親賢は相模守親宝の子で蜷川家で最後の幕臣。左衛門。山城守。1864年（元治元）と1865年（慶応元）の2度の長州征伐に参陣。幕府崩壊後は、家財を処分してこの清水に移住。1873年（明治6）1月14日没。法名「明覚院慈徳親賢居士」。妻は、はつ。はつの姉は小栗上野介忠順の妻である。

朝比奈信置 (?～1582)

一乗寺

静岡市清水区
庵原町1937

　元長の子。今川義元・氏真に仕え、氏真没落後は武田信玄に仕える。持船城(静岡市用宗)を守る。信玄より一字を賜り、信置と称す。信玄没後、勝頼に仕える。1582年(天正10)織田・徳川連合軍による甲斐攻略の際、徳川家康に持船城を攻められる。同年2月29日、利あらずして和議を結び、家康家臣酒井忠次・石川数正らに城をあけ渡す。その後、妻子を庵原にとどめ、甲府の勝頼のもとに向かったが、中途で勝頼生害と聞き、庵原に戻り同年4月8日自殺する。54才。墓石正面に法名「一乗院殿天嶺顕雪大居士」が刻まれているが半分以上風により欠如している。裏面には、「深津八郎衛門尉藤原正国建立　冬十二月八日」とある。

天野景直② (?～1626)

秋葉山本坊峰本院

静岡市清水区
西久保1-1-14

　ここ秋葉山は、武田家の軍事拠点として天野景直が運用していた場所。晩年はここ峰本院の初代住職となった。墓地内に、昭和42年5月に再建された大きな五輪塔があり、「日光法印位」として祭られている。

松平信康 (1559～1579)

江浄寺

静岡市清水区
江尻東3-6-6

　1559年(永禄2) 3月6日、徳川家康の長男として生まれる。母は築山殿。幼少の頃は、母とともに駿府で過ごした。桶狭間の戦いの後、鵜殿氏長・氏次との人質交換によって岡崎の家康のもとに戻る。織田信長との同盟強化として、信長の娘五徳姫を妻に迎える。しかし、母築山殿はこの結婚は喜ばなかったという。築山殿は今川義元の姪。義元を討った織田家を快く思わないのは当然であった。信康との夫婦仲は悪くなかったらしく、2人の娘が生まれている。武勇に優れていたといい、長篠の戦いに家康とともに参戦。信長が、子供の代になったときに、織田・徳川の立場が逆転することを恐れたためか、武田内通他の罪状を押し付け、家康に殺すことを命じた。1579年(天正7) 9月15日、遠州二俣城(浜松市天竜区)において切腹。21才。ここには、遺髪を埋めたという。法名「清瀧寺殿前三州達岩善通大居士」。この寺での法名は「騰雲院殿隆厳長越大居士」である。

松浦成清（？～1624）

江浄寺

　静岡市清水区
　江尻東3-6-6

　第2代藩主松浦久信の次男。隆信の弟。源太郎。『寛政重修諸家譜』では名を信清としていて松浦豊後守信實の養子となった、とされている。母は隆信と同じ大村純忠の5女。『寛政重修諸家譜』だと隆信母は純忠の5女、成清(信清)母は某氏とある。江浄寺に伝わる話だと、成清と婚約を交わした春姫は参勤交代で江戸にいた成清を九州平戸で待っていた。ところが、春姫が兄の隆信の側室となると聞いた成清は法を犯し江戸を出奔、江尻宿で兄隆信の行列に追いついた。しかし幕府の法を犯した罪は重く、家老たちによってこの江浄寺で切腹させられたという。1624年(寛永元)5月24日のことで成清25才だった。なお、春姫とは隆信の後妻で大村喜前の娘である。墓石には「恋塚」とあり、法名「松源院法岸宗鉄大居士」と没年月日等が刻まれている。

深澤豊太郎 (1895～1944)

江浄寺

　静岡市清水区
　江尻東3-6-6

　1895年（明治28）5月28日ここ江尻の生まれ。仙太郎の子。東京の明治大学に入学し、ドイツに留学した。1923年（大正12）の関東大震災が起きると帰国して政治を志した。立憲政友会に入り、1930年（昭和5）地元静岡県より選ばれ衆議院議員に当選。大東亜戦争のときはその暴挙を批判して、時の首相東条英機の顔色を失わせた。この終戦を迎えることなく1944年（昭和19）12月19日に神田で没した。50才。法名「智光院殿豊誉渓月穣田居士」。なお、生まれを5月30日との説もあるが、墓の近くにある「政客　深澤豊太郎君之碑」の裏面に28日とあったのでそれに従った。

和田島太郎左衛門 (?～1868)

法雲寺

　静岡市清水区
　江尻町 8 - 7

　本名は上田竹次郎。和田島の田中久左衛門の子。侠客の人物で清水次郎長の先輩格にあたる。1845年（弘化2）甲州津向の文吉と太郎左衛門が庵原川を挟んで対峙したとき、次郎長が単身仲裁に入った話は有名。次郎長の名が一躍上がったのはこのときからである。次郎長は太郎左衛門の意見を良くきいたといい、太郎左衛門の草鞋を脱がせ足を洗ったという逸話もある。1868年（明治元）江尻紺屋町で没。法名「博道慈愛居士」。墓石には太郎左衛門と妻さとの法名がある。妻さとは山田家の出と思われ太郎左衛門がそこに養子として入った。墓は山田家の墓域にあり、墓石側面には「さと」の名のみが刻まれている。

山田房五郎 (1845〜1902)

法雲寺

　静岡市清水区
　江尻町8-7

　1845年（弘化2）7月惣左衛門の子として江尻に生まれた。清水次郎長の子分で小政の若衆。江尻の房五郎として早くから次郎長一家となり、1863年（文久3）黒駒勝蔵との対峙のときには大政、小政、仙右衛門など24人のなかに19才の房五郎の名も見える。吉良の仁吉の復讐のため伊勢に乗り込んだときにも22才の房五郎の名もある。1902年（明治35）9月29日没。58才。法名「勇山道義居士」。翌年、一周忌の様子が静岡民友新聞に載ったときは「東海道切っての親分」と評されている。

深雪（？～1641）

法岸寺

　静岡市清水区
　入江南町3-33

　浄瑠璃「傾城筑紫琴」や歌舞伎「生写朝顔日記」の主人公。ただここでは脚色されているが実在した人物。本名は久。九州延岡城主高橋元種の娘。母は宇喜多忠家の娘。父元種が改易となると、元種の兄の秋月長門守種長の養女となった。しかし種長没後には秋月家ではお家騒動が起こったため、九州から父母のいる遠州の本郷（浜松市南区芳川町）に移った。しばらくこの地に生活していたが、徳川家康家臣本多忠勝の尽力で清水の船手奉行山下弥蔵周勝の妻となったという。しかし、本多忠勝は高橋元種改易前に没しているので疑問が残る。1641年（寛永8）4月18日没。法名「正廣院殿永安種慶大姉」。写真の真ん中が深雪の墓で、左右の墓主は不明。

播磨屋作右衛門 (1582〜1645)

専念寺

静岡市清水区
上1-10-14

　本名山本作右衛門高吉。播磨国生まれ。父山本河内守は石山本願寺の信者で織田信長と戦ったが、慶長年間ここ清水に移住した。作右衛門高吉は、清水に廻船業「播磨屋」を起業して、初代播磨屋作右衛門宗達を名乗った。1615年（元和元）大坂の陣に徳川家康に協力したことにより、清水の廻船業者42戸に特権が与えられた。1645年（正保2）閏5月8日没。64才。妻2人の間に子供が5人いたが、跡は末子の宗悦が継ぎ2代目作右衛門となった。墓石には初代から5代の名があり、墓石裏面に経歴を刻む。江戸末期にこの播磨屋の問屋株を継いだ鈴木与平（播磨屋与平）が起こした会社が現在の鈴与株式会社である。

都田吉兵衛（？〜1861）

静岡市清水区
追分

　幕末の侠客。遠州の人。通称「都鳥」。浪曲「しみず次郎長伝」等によると、1860年（万延元）6月1日清水次郎長の子分森の石松を騙し討ち25両を奪ったとされている。そして1861年（文久元）1月15日次郎長によってここ追分の旅籠「青木屋」で討取られた。しかし森の石松の死因は、吉兵衛の賭場を荒らした時の怪我のせいという説もあり、はっきりしない。この墓は、吉兵衛の菩提を弔う人が稀なのを憐み里人が供養塔を最期の地に建立して侠客の霊を慰さめたという。

清水次郎長 (1820〜1893)

梅蔭禅寺

　静岡市清水区
　南岡町3-8

　1820年（文政3）1月1日清水区美濃輪町の生まれ。高木三右衛門の次男で山本次郎八の養子。次郎八のところの長五郎ということで、次郎長と呼ばれた。喧嘩や博打好きの侠客。義侠心に富み、旧幕府軍の咸臨丸の乗組員が新政府軍によって殺害されると、これを手厚く葬り（壮士の墓）、このことから旧幕臣の榎本武揚、山岡鉄舟、勝海舟、関口隆吉との交流があった。塾で英語教育を行ったり、清水港の発展、富士市での開墾など地域への貢献も多かった。1868年（明治元）太田健太郎が旧幕臣に殺害されると遺族を守ったりもした。1884年（明治17）2月「賭博犯処分規則」により静岡県警察に逮捕されるものちに釈放。1893年（明治26）6月12日、風邪のため死去。法名「碩量軒雄山義海居士」。墓石の文字は、榎本武揚の揮毫による。

大政 (1832〜1881)

梅蔭禅寺

静岡市清水区
南岡町3-8

　尾張国知多郡大野湊（愛知県常滑市大野町）の廻船問屋の長男で本名を原田熊蔵といった。清水次郎長の1番の子分。森の石松の仇の都田吉兵衛の襲撃に参加したり荒神山の喧嘩でも活躍した。次郎長の養子となり「山本政五郎」を名乗る。同姓同名の「山本政五郎」を名乗る養子がもう1人いたため、2人は「大政・小政」と区別して呼ばれた。1881年（明治14）2月15日、病気のため死去。法名「大然宜政上座」。墓の斜め後ろには息子の山本小三郎の墓もある。

小政 (1842〜1874)

梅蔭禅寺

　静岡市清水区
　南岡町3-8

　遠江国敷知郡浜松宿新町（静岡県浜松市中区）生まれ。生年は1841年（天保12）とも。吉川由蔵の次男で本名は吉川冬吉。居合術の達人。1851年（嘉永4）に清水次郎長と会い養子となる。身長が約145センチメートルしかなく同姓同名の「山本政五郎」を名乗る養子がもう1人（大政）いたので、「小政」と呼ばれた。1873年（明治6）に雑犯律賭博条により逮捕される。1874年（明治7）5月29日浜松県敷知郡浜松宿高町（浜松市中区元城町）の浜松監獄で獄中死した。法名「白浪良満信士」。

森の石松（？〜1860）

梅蔭禅寺
　静岡市清水区
　南岡町3-8

　清水次郎長の子分として有名だが、実在したかどうか疑わしい。出身地は三河国半原村と遠江国森町村とも伝えられるが定かでなく、半原村生まれの森町育ちとも。次郎長子分の中でも、酒好き、喧嘩っ早く、単純、正直な性格で伝えられていて現在も、愛されているキャラクターである。1860年（万延元）6月1日金刀比羅宮からの帰路、遠州中郡で香典を狙った侠客の都田の吉兵衛によって討たれた。なお、隻眼のイメージがあるが、これも後世の創作である。

増川仙右エ門 (1836～1892)

梅蔭禅寺

　　静岡市清水区
　　南岡町3-8

　清水次郎長の子分。1836年（天保7）富士郡の増川村（富士市）生まれ。宮下佐次郎の長男。佐次郎は地元の親分。伊豆の金平一党の竹之助らに父が殺害されると、次郎長に加勢をたのみ竹之助らを討取った。この件以来、次郎長の子分となって清水に住んだ。1892年（明治25）8月6日没。57才。法名「清心院信敬日玄居士」。墓石の欠片を持っていると勝負運が付くとされ（仙右エ門は賭博上手）、人為的に削られてしまっている。

お蝶 3代 （？〜1858　？〜1869　1837〜1916）

梅蔭禅寺

　静岡市清水区
　南岡町 3-8

　初代お蝶は、江尻大熊の妹で次郎長28才のときに結婚した2人目の妻。次郎長と江尻大熊は、甲府の祐天の親分を斬ったことから役人に追われ瀬戸に逃れた。このとき初代お蝶も一緒に逃げたが病に倒れ1858年（安政5）12月20日名古屋の長兵衛の家で没した。法名「思量院信解妙諦大姉」。2代お蝶は、深川の芸者で名前はつた千代。彼女の機転により難を逃れた次郎長はこれがきっかけで結婚。1869年（明治2）5月23日次郎長が留守の間に久能新番組の小暮半次郎に斬り殺された。半次郎はその日のうちに次郎長子分の田中啓次郎によって討取られた。法名「再量院退榮妙休大姉」。3代お蝶は、三河西尾藩士篠原東吾の娘で1837年（天保8）4月28日に生まれた。2代お蝶が亡くなった翌年に結婚。次郎長没後も生き続け、日露戦争で活躍した小笠原長生、広瀬武夫などが次郎長の話を聞きにきた。1916年（大正5）6月15日没。法名「参量院真相妙諦大姉」。

山岡鉄舟 (1836〜1888)

鉄舟寺

　静岡市清水区
　村松2188

　1836年（天保7）6月10日旗本小野高福の子として江戸本所に生まれる。母は塚原卜伝子孫の磯。幼名鉄太郎。幕臣で剣・禅・書の達人。1845年（弘化2）からは、父の赴任先の飛騨高山で過ごす。この高山で岩佐一亭に書を、井上清虎に剣を学ぶ。清虎の稽古は荒行で気絶することもあった。1852年（嘉永5）父の死後江戸に戻り、山岡静山の妹英子（ふさこ）と結婚し山岡家の養子となった。幕臣として、新選組の前身でもある浪士組の取締役を務めたほか、江戸城を無血開城するために新政府軍の西郷隆盛と面会するなど活躍して、勝海舟・高橋泥舟とともに「幕末の三舟」と称された。明治維新後は政府に仕え、のち明治天皇の家庭教師を務めた。1888年（明治21）7月19日胃がんにより没。53才。法名「全生庵殿鉄舟高歩大居士」。

高山樗牛 (1871～1902)

龍華寺

　静岡市清水区
　村松 2085

　日本文芸評論家、思想家、文学博士。1871年（明治4）2月28日羽前国鶴岡（山形県鶴岡市）で斎藤親信の子として生まれる。生誕地の鶴岡公園には樗牛の胸像が建つ。高山久平の養子。本名は林次郎。樗牛は高校のときから名乗っている。福島中学中退、東京英語学校を経て仙台の第二高等学校に入学。その後1893年（明治26）東京帝国大学文科大学哲学科に入学。同級生に土井晩翠がいた。主な作品として「滝口入道」「清見寺の鐘声」などがある。1902年（明治35）12月24日に肺結核のため神奈川県平塚市の杏雲堂病院分院で亡くなる。日蓮に憧れ、遺言によって日蓮宗である龍華寺に葬られた。墓石には「吾人は須らく現代を超越させざるべからず」とある。また墓域にある胸像は彫刻家の朝倉文夫の作品である。

白縫姫（？〜？）

佐久神社

静岡市清水区
三保 3051-1

　源為朝の正室。父は九州肥後の平（阿曾）忠国。為朝は問題を起こすことが多く父によって肥後の平忠国のところに預けられた。そのときに忠国の娘白縫姫と結ばれたという。為朝はこの後保元の乱で敗れ伊豆大島に島流しとなった。父の平忠国も滅ぼされ、白縫姫は為朝の留守中に男の子舜天丸を産み、諸国を逃げ歩いたという。この三保には、白縫姫がこの地に住んだという説があり墓石が残っている。手前の祠型が白縫姫の墓で奥の五輪型は誰のものか不明。なお、伝説として白縫姫は三保の源兵衛の娘とも伝えられている。

源為朝 (1139～1170?)

静岡市清水区
三保 3090 付近

　為義の8男。九州地方で武勇があった8男坊なので「鎮西八郎」と称した。身長が2m以上有り、無双の弓矢の達者だった。勇猛だったが行動に問題があり、父に勘当されて九州に追放となる。しかし九州でも自ら鎮西総追捕使を称して豪族たちと戦いを繰り返し九州を制圧してしまった。1156年(保元元)の保元の乱では、父とともに崇徳上皇方に加担したが敗れる。この乱で父為義は処刑されたが、為朝は命を助けられ伊豆大島へ流罪となる。しかし伊豆諸島で暴れまわったため、討伐の院宣が下り工藤茂光たちに攻められ自害した。為朝伝説は諸説あるがこの地に伝わるのは、伊豆大島に流される途中遭難してこの地に流れ着き、三保の源兵衛に匿われたといい、源兵衛の娘白縫姫と結婚して、ここで没したという。

田中孫七 (1774〜1857)

静岡市清水区
三保

　幕末の武蔵大森の海苔養殖業者、海苔仲買商者。三保に海苔の養殖を広めた人物。幕府の役人の仲介で三保に招かれた孫七は、現地の遠藤兵蔵たちを指導して海苔の養殖に成功。三保〜江尻まで海苔の養殖が広まった。1857年（安政4）1月8日没。83才。法名「釋教證居士」。この田中家の墓誌によると、孫七を初代として代々夫妻の墓となっている。すぐ近くには、「田中孫七居住地碑」、御穂神社内には「田中孫七翁表功碑」が建てられている。

太田健太郎 (1845〜1868)

静岡市清水区
三保 1855 付近

　鈴木省之輔の子。1845年(弘化2)8月24日生まれ。幼名は出羽。1849年（嘉永2）伯父で御穂神社神主太田忠澄の養子となる。幕府討伐のため、駿州赤心隊を結成。府辺組は健太郎と草薙神社の神主森元温が中心となった。薩長の東征軍が江戸を目指したときは、健太郎は久能〜蒲原の沿岸警備と清水の旧幕府の米蔵の警備を行った。1868年（慶応4）清水に寄港した幕府の咸臨丸を官軍が攻撃した際、健太郎は脱走人を厳しく追跡したため、恨まれたという。そのため1868年（明治元）12月18日の夜、旧幕臣10人程に襲われ暗殺された。享年24才。健太郎の息子が1870年（明治3）役所に報告したなかでは、18日に襲撃されて深手を負い、亡くなったのは22日となっている。

窪田鎮勝・鎮章 (1808～1878　1827～1868)

萬象寺

静岡市清水区
駒越西2-9-5

　鎮勝は柔術師範の江口秀種の子。川路聖謨とは従兄弟にあたる。少年の頃に江戸に出て、武田家の家臣の家柄の窪田家を継ぐ。新撰組の前身である浪士組を募集したときは、山岡鉄舟らとともに取締役となる。その後、神奈川奉行所の定番役頭取取締の任を経て西国郡代。明治になってからは静岡に暮らし1878年（明治11）没した。晩年は清水次郎長とも交際があった。九州の蒲池家の子孫であったため墓石は「克斎蒲池先生」とある。蒲池鎮之丞（歌手松田聖子の高祖父）は遠縁にあたり何度か面会している。鎮章は鎮勝の子。泉太郎。備前守。父と同じく幕臣。幕府を騙した清河八郎（浪士組発案者）暗殺に関与。1868年（慶応4）1月鳥羽・伏見の戦いで幕府歩兵隊の隊長として出陣するも戦死した。41才。なおこの数ヵ月後、鎮章の子も彰義隊に入り戦死している。墓は本堂の裏にあり、向かって左が鎮勝、右が鎮章の墓である。

森元温（1837～1884）

静岡市清水区
草薙

　草薙神社の神官で幕末の攘夷家。志貴昌俊の次男。1837年（天保8）3月21日生まれ。斎宮、真魚尾とも号した。浅間神社の宮司の子として生まれ、草薙神社の神主の養子となった。戊辰戦争で、富士山本宮浅間大社の神職富士重本や三保神社の神職太田健太郎と駿州赤心隊を結成して明治政府軍（東征軍）に従軍。幕府が滅びると草薙は徳川家の支配するところになり、旧幕臣に襲われ負傷したこともあった。そのため、東京の明治政府に仕え、兵部省や工部省に務めた。1884年（明治17）8月7日死去。48才。

神戸麗山 (1802〜1862)

東光寺

静岡市清水区
谷田9-15

　幕末の画家。1802年（享和2）9月23日好吉の長男として庵原郡松野村（富士市北松野）に生まれる。内蔵之助。信之、後に麟と改める。麗山は画家としての号。医者の子として生まれたが、画家を目指し大平喜慶に学んだ。家業は弟が継いだ。その後京都の岸岱を師として学ぶ。40才前くらいからこの地に住み、富士山を主に描いた。なお庭田重胤に送った「富岳図」は孝明天皇に献上された。山梨鶴山・柴田泰山とともに庵原三山と評された。1862年（文久2）5月17日死去。法名「舘空冨山麗照居士」。

梶原景時①・景季①・景高①
(?～1200　1162～1200　1165～1200)

梶原堂

静岡市清水区
大内 841-64

　景時は景清の子。源氏の家臣だったが、1160年（平治元）平治の乱のあとは平家に従った。1180年（治承4年）石橋山の戦いでは、挙兵した源頼朝を破った。このとき、景時は洞窟のなかに隠れていた頼朝をわざと逃した。頼朝が安房国へ逃れたのち東国の武士を引き連れ勢力が増すと、景時は頼朝に従った。命の恩人でもある景時は重く用いられた。源義経、夜須行宗、畠山重忠などを頼朝に讒言していたりして、御家人との間と確執があった。頼朝が死去すると、失脚。景時は一族を率いて上洛しようとしたが、駿河国清見関で吉香友兼らと交戦して破れ、1200年（正治2）1月20日自害。法名「龍泉院殿梶勝原公大居士」。景季は景時の長男。武勇に優れ、佐々木高綱と宇治川の先陣争いをしたり、一ノ谷の戦いでは平重衡を捕える手柄を立てている。1200年（正治2）1月20日父とともに自害。景高は景時の次男。父や兄と同じく文武に優れていた。一ノ谷の戦いにおいては先陣を切り「梶原の二度懸け」と呼ばれる働きをした。1200年（正治2）1月20日吉香友兼らと交戦中に討死したとも自害したともいう。墓は5基あり向かって右から、供養塔（五輪塔）、景時、景季、景高、不明である。

梶原景時②・景季②・景高②
（？～1200　1162～1200　1165～1200）

梶原山公園

静岡市清水区
大内

梶原景時終焉之地の碑のすぐ後ろに建立されている。景時親子は、この地で自害したといい、ここを梶原山という。駿河湾を一望できるこの山は、葵区と清水区に跨り、終焉之地の碑とこの供養塔は清水区側にある。

駿河区

徳川家康 (1542～1616)

久能山東照宮

静岡市駿河区
根古屋390

　1542年（天文11）12月26日、松平広忠の子として岡崎城に生まれる。織田信秀・今川義元の人質として幼少期を過ごす。1560年（永禄3）桶狭間の合戦後に独立。信長と同盟を結び、領地の拡大に努める。同盟中には、姉川・三方原・長篠などの大戦があった。1582年（天正10）本能寺の変で信長が倒れると、甲斐・信濃に進出、領地を拡げる。小牧・長久手の戦いを経て、秀吉政権に服従。1590年（天正18）小田原合戦後に、関東に移封。江戸に本拠を置く。秀吉の死後、豊臣政権内の分裂を利用して、天下分け目の関ヶ原の戦いを起こす。この合戦に勝利したのちは、江戸幕府を開く。2年程で将軍職を3男秀忠に譲る。江戸の秀忠が政治を行うも、駿府の隠居家康が実権を握っていたことから、二元政治体制となった。1614年（慶長19）大坂冬の陣と1615年（元和元）同夏の陣で豊臣家を滅ぼす。1615年（元和2）4月17日没。75才。法名「安国院殿徳蓮社崇誉道和大居士」。初めこの久能山に葬られ、のち日光に改葬された。

かしく坊 (?〜1716)

宝台院別院

　静岡市駿河区
　安居291

　摂津の大坂生まれ。(異説有) 俳諧人。法名にも雲水とあるように自由気ままに生活していた。富士を愛していたらしく「俳人百家撰」に「不二のかしく坊」として紹介されている。1716年（正徳6）2月1日没。宝台院（葵区常磐町）の門前に乞食のように倒れていて、その枕に辞世の句「富士の雪とけて硯の墨衣かしくは筆の終わりなりけり」とあった。この句に感激した宝台院の住職が寺中に葬った。法名「雲水夢覚」。墓石に法名と没年があり名は「かし」とあるが、本名はわからない。

榊原清政 (1546〜1607)

宝台院別院

静岡市駿河区
安居 291

久能榊原初代。長政の長男。徳川四天王の榊原康政の兄でもある。徳川家康の長男信康の家臣となる。信康が切腹したのちは、弟のもとに身を寄せていた。1606年（慶長11）12月家康より、久

能を守るように命じられた。1607年（慶長12）5月2日久能において没。62才。写真下の墓石は榊原照久墓のすぐ後ろにあり、墓石正面に「安養院殿雄譽源光大禅定門」と刻まれている。上の墓は石垣に囲まれていて、墓石正面には「安養院」のみがある。2基とも清政の墓には違いないが、上の墓はもともと宝台院にあったもので、こちらが本墓。黒くなっているのは、空襲によるものらしい。下のものは、この地に供養塔として建てられた。

榊原照久 (1584〜1646)

宝台院別院

　静岡市駿河区
　安居291

　久能榊原2代。清政の2男だが、兄清定が多病により家督を継ぐ。徳川家康の側で仕えていたが父清政の死とともに、久能の地を守る。大坂の陣のときには、家康よりこの地を守ることを命じられたために、参戦したくも果たせなかった。1616年（元和2）4月家康が没すると、祭祀のことを司った。1617年（元和3）8月28日、それまで清久と名乗っていたのを照久と改めた。これは、夢の中で家康より告げられたという。家康・秀忠の信任が篤かったためか、従二位という高位まで授かった。1646年（正保3）8月7日久能で没。63才。墓石正面に法名「月窓院殿前従二位紅譽秋厳大禅定門」、側面に没年月日が刻まれている。

榊原喬長(?～1719)

宝台院別院

静岡市駿河区
安居291

　久能榊原4代。照親の子。越中守。1694年(元禄7)3月1日8才のとき5代将軍徳川綱吉に拝謁。父の照親は、久能榊原3代照清の養子となったが1688年(元禄元)に亡くなったため喬長が跡を継いだ。1719年(享保4)1月14日没。法名「陽龍院殿前従五位下〇譽快山大禅定門」。墓石に法名と没年月日が刻まれている。

榊原亮長（？～1733）

宝台院別院

　静岡市駿河区
　安居291

　久能榊原5代。喬長の子。越中守。1719年（享保4）3月27日跡を継ぐ。同年5月22日、8代将軍徳川吉宗に拝謁。1733年（享保18）4月16日没。29才。法名「〇〇院殿前従五位下聲譽現道大禅定門」。墓石には4月14日に没したと刻まれている。なお子供が3人いるが、長男が6代、次男が7代、3男が8代と久能榊原を歴任した。

榊原照昌（？〜1743）

宝台院別院

静岡市駿河区
安居291

　久能榊原6代。久能榊原5代亮長の長男。1733年（享保18）7月4日に跡を継ぐ。1739年（元文4）4月11日、8代将軍徳川吉宗に拝謁。1743年（寛保3）12月7日没。23才。法名「能信院殿禮譽崇鑑大禅定門」。代々久能榊原は従五位下だったが、照昌は若くして亡くなったため受領してない。子がなかったため、弟の照休が養子となり跡を継いだ。

榊原久寛（？～1756）

宝台院別院

静岡市駿河区
安居 291

　久能榊原8代。久能榊原5代亮長の3男。従五位下越中守。榊原久友の養女を娶り養子となる。兄の7代照休(亮長の次男)に子がなかったため、1745年（延享2）9月18日に跡を継ぐ。同年閏12月12日9代将軍徳川家重に拝謁。1756年（宝暦6）6月26日久能で没。（墓石には6月24日とあり）28才。法名「顯會院殿従五位下現譽勝道大禅定門」。墓石は1843年（天保14）11月24日に再建されたもの。5代亮長（父）は29才、6代照昌（長兄）は23才、7代照休（次兄）は24才、8代久寛は28才と、5代～8代は20代で没している。

榊原長良 （？〜1815）

宝台院別院

静岡市駿河区
安居291

　久能榊原9代。新三郎。越中守、伊豆守、甲斐守。一族の榊原七郎右衛門長定の次男。1756年（宝暦6）9月6日、11才にして久能榊原を継ぐ。1763年（宝暦13）12月19日、10代将軍徳川家治に拝謁。1764年（明和元）閏12月28日に従五位下越中守に任じられた。1815年（文化12）11月12日没。墓石正面に法名「天相院殿前従五位下霊誉徳信亀洞大居士」、裏面には没年月日が刻まれている。

榊原照郷 (?～1835)

宝台院別院

静岡市駿河区
安居291

　久能榊原10代。長良の子。幼名音吉。因幡守。1791年(寛政3)5月15日、11代将軍徳川家斉に拝謁。1792年(寛政4)12月19日、父の隠居により家督を継ぎ久能の御宮番を務めた。同月28日には従五位下因幡守に任命された。1835年(天保6)2月9日没。法名「義徳院殿従五位下功譽崇巌亀榮大居士」。息子2人(音之助・新三郎)が早世したため、娘の夫照成が跡を継いだ。

榊原照成 (1798〜1858)

宝台院別院

静岡市駿河区
安居291

　久能榊原11代。1798年（寛政10）1月23日生まれ。松平彦三郎の子。榊原照郷の養子となる。照砥とも。幕臣よりも書家として有名。月堂と号して、特に草書の名手でありいまもその書は掛軸として残っている。書には、陰刻に「照成之印」陽刻に「子成氏」を用いている。安積艮斎や徳川家茂の書の師範でもある戸川安清と交流があった。また儒者の書を集めた「儒林墨宝」を発刊した。1858年(安政5) 9月29日没。「徳照院殿従五位下成誉月堂寛光大居士」。妻は久能10代榊原照郷の娘。

榊原久通 (?～1671)

宝台院別院

静岡市駿河区
安居291

　久能榊原2代照久の5男。1663年（寛文3）3月23日、4代将軍徳川家綱に拝謁。家は兄の照清が継いだので、久通は御書院番を務めた。1671年(寛文11)8月2日駿府で没。法名「覺玄」。子が無く、一色範親の3男範武を養子としたが範武に跡取りが無かったため久通系は2代で絶えてしまった。墓石正面に名が、裏面に没年月日がある。

井出八郎右衛門 (?～1616)

石蔵院

静岡市駿河区
安居272

　徳川家康の家臣。長武という。加藤家の出で、井出家の養子となる。家康の乗馬の世話役をしていた。三方原から関ヶ原までお供したとういから、身分が低いといえどもかなり長年家康に仕えたことになる。老年のため相模の弟加藤織部正のもとで隠居していたが、家康の病状が悪化すると駿府に駆けつけた。1616年（元和2）4月17日家康が薨去すると、石蔵院前で殉死して果てた。4月19日のことであった。家康が殉死を禁止していたためか、彼が唯一の殉死者となった。地蔵堂の横の墓石には、法名「為悦叟道念居士井出八郎右衛門尉」と没年が刻まれている。

朝比奈泰勝 (1547〜1633)

大正寺

静岡市駿河区
大谷 3660-1

　道半の3男。泰倫とも。今川氏真の家臣。1575年（天正3）長篠の合戦のとき、氏真の使者として徳川家康の陣に赴く。そのまま合戦に参加して、敵将内藤昌豊の首を得た。この後、氏真の了承をえて家康の家臣となる。長久手・小田原の合戦にも従う。のち、家康の10男頼宣の家臣となり常陸国2千石と近江国1千石を領した。1633年（寛永10）9月23日没。1632年(寛永9）没との説もある。87才。法名「真光院殿仁政日義」。1582年（天正10）日金山（熱海市）で鬼退治をしたという逸話も残っている。風化により、墓石からは何も読み取ることが出来ないが「寛永九」らしい文字が見えた。寺伝では、名を「朝比奈弥太郎泰能」という人物名にしているうえ、武田信玄が駿府を攻略したとき（永禄期）に死んでいることになっているが、これは間違い。駿河志料等でも「朝比奈泰勝」の墓としている。

城景茂 (1522～1587)

大慈悲院

静岡市駿河区
池田1773

　貞茂の子。和泉守。1522年（大永2）生まれ。伊庵とも名乗る。上杉謙信に仕えていたが、のち浪人する。その後、武田信玄によって召抱えられた。玉虫を称していたが、このころ城に改名。1572年(元亀3)三方原の戦いのとき、武田方の武将として参戦。1575年（天正3）の長篠の戦いのときは、駿河深沢城を守っていて参戦しなかった。武田氏滅亡後、息子昌茂とともに徳川家康に仕える。1587年(天正15)駿府で没。66才。法名「大慈悲院殿悟庵道一大居士」。

岡部元信・孕石元泰・元成
（？～1581　？～1581　1563～1632）

本覚寺

　静岡市駿河区
　池田1379

　岡部丹波守元信(長教とも)は、今川の家臣で尾張国鳴海城の城主。1560年（永禄3）桶狭間で今川義元が討たれると、その首を織田信長から取り戻して駿府に帰った。今川氏の滅亡後は武田家に仕え遠江国高天神城を守る。1581年（天正9）3月22日徳川家康に攻められ落城。本多主水に討ち取られた。孕石主水元泰も今川家臣で、今川滅亡後は武田家に仕えた。長篠の戦いには、武田勝頼に従い参戦。後、岡部元信と同じく高天神城に入り武者奉行。1581年（天正9）高天神城落城の際に捕虜となり、3月23日家康の命により切腹させられた。幼少のころ、今川家の人質だった家康を粗略に扱った故という。孕石元成は主水元泰の子で、父と同じく武田家に仕え、花沢城攻略に手柄を立てた。武田家滅亡後は、京極家に仕え更には井伊直政に仕えた。1590年（天正18）の小田原合戦に参戦して負傷した。その後掛川城主山内一豊に仕え、一豊の土佐移転の時それに従った。1632年（寛永9）8月3日没。墓碑の正面に「蓮光　孕石主水」・「宗心　岡部丹波」・「光照院道安蓮　孕石元成」の他各々の妻と山内家に仕えた孕石内蔵助正元（元成の養子）夫妻の法名も読み取れた。

安東文吉 (1808～1871)

本覚寺

静岡市駿河区
池田1379

　甲右衛門の子。駿河国安倍郡安東村生まれ。実家は農家。本名は西谷文吉。大柄で相撲好きだったため、江戸に出て清見潟部屋に入門した。前頭3枚目になったという。のち実家に戻るが博打打ちとなり、勢力を伸ばした。親分として賭場をも経営していた。大勢力となっていく文吉は弟辰五郎とともに駿河代官所より十手取縄（役人）に任じられ、任侠と役人の二足の草鞋を履くことになった。趣味は自身も行った相撲の観戦であった。1871年（明治4）没。64才。法名「心善院法山日桜信士」。墓石下部の「安文吉」の文字は恩人小泉勝三郎の筆による。

浜田るん (?～1869)

法蔵寺

　静岡市駿河区
　曲金2-7-33

　幕臣で西の丸御書院番の小花和八百橘の長女。名は「るん」とも。兄は日光奉行小花和内膳正度正。大奥の御中﨟を務めた。11代将軍家斉より家慶、家定、家茂、慶喜、家達の6代に渡って奉仕した。1869年(明治2)6月28日没。60才。法名「麗光院殿濱室妙田大姉」。親戚の加藤金四郎義重（兄の小花和内膳正度正の娘寿賀の夫）によってここに葬られた。

海野忠宗(?~1634)

法蔵寺

静岡市駿河区
曲金2-7-33

　久右衛門。真田家の家臣。真田幸村と大坂城に籠もって戦う。1615年(慶長20)大坂城が落城すると、この駿河の曲金北原で郷士として土着した。忠宗を初代として北原海野家は続き、12代目の子孫に「背くらべ」の作詞者海野厚がいる。1634年(寛永11)8月14日没。法名「義林院體室全正居士」。妻は足久保の梶山氏の娘、法名「瑞松院年算栄壽大姉」。墓石正面に夫妻の法名が刻まれている。

海野厚 (1896〜1925)

法蔵寺

　静岡市駿河区
　曲金2-7-33

　1896年（明治29）8月12日豊田村曲金（静岡市駿河区曲金）に生まれる。父は伊三郎忠和。本名は厚一（こういち）。西豊田小学校、旧制静岡中学、早稲田大学を経て、童謡作家となる。北原白秋に認められ、「おもちゃのマーチ」、「背くらべ」などを作詞した。静岡市立西豊田小学校の敷地内には「背くらべ」の歌碑が建立されている。雑誌の海国少年の編集長も務めたが、1925年（大正14）5月20日結核のため28才の若さで没した。法名「文鶯院長頸志厚居士」。なお墓誌には30才とある。弟の春樹はNHKに入局、同期の森繁久彌・青木一雄とNHKの三羽烏と称された。

海野晋吉 (1885〜1968)

法蔵寺

静岡市駿河区
曲金2-7-33

　1885年(明治18)8月29日寿作の次男として静岡市曲金に生まれる。1914年(大正3)東京帝国大学を卒業したのち弁護士となる。弁護士として優秀で2度も日本弁護士連合会の会長を務めている。最高裁判事や法務大臣に推薦されるが固辞。一生を弁護士で通した。戦前〜戦後にかけて担当した事件に、人民戦線事件、河合栄治郎事件、唯物論研究会事件、津田左右吉事件、企画院事件、尾崎行雄事件、横浜事件、日本基督教団事件、砂川事件、松川事件などがある。1968年(昭和43)7月6日没。法名「慈覺院殿晋法明徳居士」。墓石横に親友で元総理大臣片山哲の自筆による墓誌がある。

海野孝三郎 (1852〜1927)

法蔵寺

静岡市駿河区
曲金2-7-33

弥兵衛信孝の子。1852年(嘉永5)2月1日生まれ。海野孝三郎君頌功碑によると安倍郡井川村生まれとなっているが、母の実家の駿府で生まれた説もある。信常と名乗る。将軍家のお茶を献上するお茶壺屋敷を管理する海野弥兵衛家の末裔。孝三郎も茶業に取組み、特に茶の貿易を清水港から輸出することを日本郵船に交渉して成功させた。1906年(明治39)5月13日神奈川丸がアメリカに向け茶を輸出したことを皮切りに、清水港が茶の輸出拠点として発展していった。その功績により清水区港町の清水マリンパークに徳川家達題字による「海野孝三郎君頌功碑」が残っている。茶業の他、発電所や鉄道の設立に貢献したり、井川村長など多方面に活躍した。1927年(昭和12)11月1日没。76才。法名「信孝院殿徹心樹香大居士」。

安部元真① (1513〜1577)

法蔵寺

静岡市駿河区
曲金2-7-33

　大蔵元真は、諏訪信真の次男。今川義元・氏真に仕える。今川氏真が衰えてくると、武田信玄より裏切りの誘いがあったがこれを断る。そのため信玄の策略により、1569年（永禄12）領地内に一揆が発生。家臣45人が討死した。父信真もこのとき討死したと思われる。元真は妻子とともに浜松の徳川家康のもとを頼った。そして家康の援助のもと、一揆を破る。領地安倍谷には一族家臣を置き、元真自身は浜松の家康のもとに仕える。1575年（天正3）諏訪原城攻めに、金掘の者を使って城中に侵入して敵を打ち破り、家康より感状を受けた。その後もたびたび息子信勝とともに戦功を挙げた。1577年（天正5）10月15日没。1587年（天正15）10月10日他、1582年（天正10）死亡説もある。法名「龍泉院殿心清常安大居士」。海野家累代之墓だが、元真の娘が海野弥兵衛家に嫁いだ関係で側面に安部元真夫妻の法名が刻まれている。

山梨稲川① (1771～1826)

崇福寺

　静岡市駿河区
　稲川1-3-17

　1771年（明和8）8月4日平四郎維亮の子として駿河国庵原郡（静岡市清水区）に生まれる。名を治憲。昆陽とも号した。漢詩人。5才にして白隠門下四天王の遂翁元盧に才能有りと見込まれる。地元の一乗寺で勉強をしたのち、江戸に出て、白隠門下峨山慈棹や趙陶斎に学問や書を学んだ。1811年（文化8）稲河家の株を買い長男清臣に継がせ、自身もここ稲川の地に住んだ。1826年（文政9）3月13日江戸に出たが5月下旬に痢病となり同年7月6日に没した。法名「弘道玄度居士」。生前の著書は「稲川詩草」のみだが、明治になり愈曲園が稲川を日本随一の漢詩人と称賛したため有名になった。

鳥居吉清（？～1592）

福泉寺

静岡市駿河区
手越14

　吉則の子。彌平治（次）。代々三河の松平家に仕える。吉清も徳川家康の父松平広忠に仕え、広忠没後は家康に仕えた。三方原の戦い、長篠の戦い、高天神城攻めに従う。『寛政重修諸家譜』には法名を「道圓」、某年死す、とある。しかし墓石の側面より、1592年（文禄元）3月8日没、享年84才、法名「大慈院善正道圓居士」であることがわかる。家康股肱の臣である鳥居元忠は一族にあたる。

北川殿 (?〜1529)

徳願寺

静岡市駿河区
向敷地689

　伊勢盛定の娘。北条早雲の姉(妹とも)。今川義忠の正室。義元の祖母。夫の義忠が1476年(文明8)討死すると、長男竜王丸(今川氏親)と小鹿範満が家督を争い他国を巻き込んでの争いとなったが、範満が後見人となり家督を代行することで決着。北川殿は竜王丸と丸子城(静岡市駿河区)に移った。竜王丸が範満を滅ぼして今川の当主となると、北川殿は駿府館の北、安倍川の支流北川沿いに屋敷を構えたため「北川殿」と称された。なお、この屋敷跡が現在の臨済寺(静岡市葵区)である。息子の今川氏親より長く生き、1529年(享禄2)5月26日に没した。法名「徳願寺殿慈雲妙愛大姉」。

片桐且元 (1556～1615)

誓願寺

静岡市駿河区
丸子 5665

　直貞の子。父直貞は浅井長政の家臣。1556年（弘治2）近江国に生まれる。豊臣秀吉に仕え数々の戦功を挙げた。1583年（天正11）の賤ヶ岳の戦いのときの活躍は有名で、七本槍の1人として数えられた。のちに豊臣の姓を授けられ、1万石を与えられた。秀吉の死の直前に、息子秀頼の後見人を命じられた。徳川家康の信任も厚く、大坂の秀頼の名代として徳川家との折衝を行う。しかし大坂の陣の直前に、大坂城を出て家康のもとに走る。家康と懇意にしていたため裏切り者の目で見られていたことや、徳川家との武力衝突に反対だったためともいわれている。大坂の陣後は、大和・山城・和泉の4万石を与えられた。1615年（元和元）5月28日没。大坂の陣の20日後に亡くなったことから、豊臣家を滅ぼしてしまった自責からの切腹説もある。2基の卵塔があり、向かって左側が且元、右側が妻のものである。法名「顕孝院殿東市令三英宗元居士」。墓石に法名が刻まれていたが、今は風化していて何も読み取れなかった。

三浦正勝（？〜1608）

誓願寺

　静岡市駿河区
　丸子 5665

　氏員（範時）の長男。雅楽之助正勝は、今川義元の家臣だったが、義元が桶狭間の戦いで討死したのちは徳川家康に仕えた。家康より広野村（静岡市広野）を賜り、姓を三浦から「未知」に改めさせられた。本書では「未知正勝」としたかったが、『寛政重修諸家譜』が「三浦正勝」としていたため、それに従った。1608年（慶長13）9月28日没。64才。法名「瑞龍院殿月谿宗珊大居士」。妻と合碑されている。側面に、建立者と思われる「北条氏家臣梶原備前守」とあるが、備前守は妻の兄にあたる人物である。静岡市駿河区広野の大徳寺に葬られたが、なぜかここに墓があった。片桐且元の墓に行く途中の左側、未知家墓地内にある。史疑徳川家康のなかでは、増善寺（静岡市慈悲尾）の寺男「三浦瀬平」として登場している。

多田元吉 (1829〜1896)

長源寺

静岡市駿河区
丸子6850

　多田荘次郎の長男として1829年（文政12）3月11日上総国富津村（千葉県富津市）に生まれた。幕臣。千葉周作に剣術を学ぶ。江戸幕府崩壊後は、徳川慶喜に従って駿河国に移住。長田村丸子赤目ヶ谷を拝領して、茶の栽培、研究を開始した。明治政府に認められ、中国、インドなどの海外を視察。紅茶の原木をここ丸子で栽培し日本紅茶の発展に寄与した。長源寺のすぐ南にある起樹天満宮には「日本近代茶業之先駆者　多田元吉翁碑」という顕彰碑が建てられている。1896年(明治29) 4月2日没。67才。法名「眞觀院相譽實道居士」。

野沢昌樹 (?～1800)

長源寺

　　静岡市駿河区
　　丸子6850

　国学者。与力村瀬清左衛門為信の長男。山県大弐の兄。甲州の出身。甲府の加賀美桜塢の環松亭で勉学に励んだ。父の死後、跡を引き継ぎ名を村瀬清左衛門為清と称した。1750年（寛延3）弟の武門が殺人を犯し行方不明となる事件が起きたため、昌樹は医者となり弟大弐は浪人となった。1767年（明和4）江戸で山県塾を開いていた大弐が幕府転覆の容疑で処刑されると、昌樹は追放となりこの丸子の地に移り住んだ。清水で医業を行ったり、儒学、国学、和歌の教育を行ったりしたという。1800年（寛政12）閏4月7日没。79才。法名「盛高院昌山居士」。なお、昌樹は生涯妻帯しなかった。

山口黒露 (1686〜1767)

静岡市駿河区
宇津ノ谷

　江戸中期の俳人。太郎右衛門の子。甲斐国生まれ。名は守常。親戚の山口素堂の門人。俳号を雁山と称していた。破産してしまったため流浪の旅に出て音信不通となった時期もあった。国学や茶道に通じ、執筆活動も行った。「有渡日記」「駿河百韻」「通天橋」などを著した。1767年（明和4）12月10日没。82才。音信不通となった山口雁山（黒露）がこの地で亡くなったと勘違いした友人がこの墓を建立した、とある。しかし実際は1730年（享保15）6月に、俳号を雁山から黒露に変えた際、決別の証として自信が建立したと思われる。

向井正重 (1519〜1579)

大雲寺

　静岡市駿河区
　用宗城山町6-4

　忠綱の子。伊賀守。武田信玄、勝頼に仕える。1577年（天正5）興国寺城に立て籠もり北条軍を撃退したことで勝頼より感状を賜った。1579年（天正7）9月19日持船城を守っているときに、徳川家康家臣の牧野右馬允康成に攻められ嫡男政勝とともに討死した。次男正綱は難を逃れ、のちに家康に仕えた。この供養塔は城山観音といわれ、4代孫向井兵庫助政奥が1665年（寛文5）9月19日に建立したものである。もとは持船城にあったが、ここ大雲寺に移された。碑文には、「源姓仁木氏号は向井其のいわれは応永4年（1397）2月1日4代将軍足利義持公より仁木四郎長宗数度の武功に依り伊賀国向庄をくだし賜る。ゆえに向（井）と改める。尾張守長守同7代の孫、向井伊賀守正重天正7年（1579）9月19日この城を守り戦死。同4代の孫、向井兵庫助政奥寛文5年（1665）年9月19日これを建ておわる」とある。

葵区

瀬名一秀 (?〜1503)

光鏡院

静岡市葵区
瀬名1-38-36

　今川（堀越）貞延の長男。源五郎。海増寺（静岡県袋井市）の僧侶だったが、還俗して今川義忠に仕えた。1476年（文明8）義忠が討死すると、今川家では小鹿範満と竜王丸（のちの氏親）の家督争いが起こった。このとき一秀は、竜王丸側に付き貢献。これによって瀬名の地（静岡市葵区瀬名）を与えられそこに屋敷を構え、瀬名を名乗るようになった。のち、徳川家康の正室となる築山殿はこの屋敷で生まれている。1503年（文亀3）4月20日没。法名「光鏡院殿実山秀公大居士」。墓は寺院内に新旧の2つある。

瀬名氏貞 (1497～1538)

松寿院

静岡市葵区
瀬名1-23-12

　一秀の長男。今川家の家臣。一秀は今川家の家督争いのときの功労者であるが、氏貞もまた家督争いのときに貢献した。1536年（天文5）今川義元と玄広恵探が家督を争って戦った花倉の乱で、太原雪斎、岡部親綱とともに義元側に付き勝利に導いた。1538年(天文7) 3月16日没。42才。法名「松寿院殿玉山椿公大禅定門」。長男は氏俊、次男には徳川家康の正室築山殿の父である関口親永がいる。

前島豊太郎 (1835〜1900)

法泉寺

静岡市葵区
古庄3-22-35

　1835年（天保6）7月5日有渡郡古庄村（葵区古庄）の名主の久兵衛義明の子として生まれる。静岡自由民権運動を行った政治家。代言人（弁護士）でもある。漢詩、考証学、詩文など文学に通じ、徳川慶喜の家臣の室賀竹堂に漢籍を講義したこともあった。1872年（明治5）古庄法泉寺に私塾を開く。養豚業もこの年手掛けたが失敗している。1880年（明治13）8月3日静岡県会議員に当選。1881年（明治14）舌禍事件により投獄。1885年（明治18）出獄。1890年（明治23）第1回衆議院議員総選挙と1892年（明治25）第2回衆議院議員総選挙に落選。以後、代言人（弁護士）に専念した。1900年（明治33）3月13日東京芝区愛宕町で没した。15日火葬され27日前島家の菩提寺である古庄法泉寺に葬られた。法名「頼古院無外一関居士」。墓石側面に法名と葬られた日（3月27日）が刻まれている。

由比正雪 (1605～1651)

菩提樹院

　静岡市葵区
　沓谷1344-4

　駿河国由比の吉岡治右衛門の子、駿府宮ケ崎の岡村弥右衛門の子の2つ説がある。江戸の出て楠木正辰に学び、のち神田に軍学塾「張孔堂」を開いた。軍学者として門弟が多く集まった。徳川3代将軍家光が亡くなると、丸橋忠弥、金井半兵衛、熊谷直義らと結託して幕府の転覆を計画した。この事件は慶安の変、由比正雪の乱として有名だが未遂に終わった。門弟奥村八左衛門が幕府に密告したためであった。1651年（慶安4）7月26日正雪は駿府梅屋町の梅屋勘兵衛のもとに滞在していたところを町奉行所落合道次の手の者に取り囲まれ、自害した。辞世の句「秋はただ馴れし世にさへ物憂きに長き門出の心とどむなり」。安倍川原に晒し首になるが、知り合いが盗み出しここに首を埋めたという。

斉藤宗林 (?〜1572)

宗林寺

静岡市葵区
沓谷 1316

　遠州の住人斉藤修理太夫の子孫。徳川家康に仕える。1572年（元亀3）12月22日三方原の戦いのとき討死した。子も宗林と名乗っているが、子宗林は高天神城に籠もり、御前曲輪の主将として活躍している。墓石正面には「妙法　斉藤宗林之墓」、側面に法名「宗林日利居士」と討死した没年月日などが見られる。同側面には、妻の字もあるので夫妻の墓である。

本間秀年 (?～1618)

龍雲寺

　静岡市葵区
　沓谷3-10-1

　季近ともいう。兵衛五郎長季の次男。北条氏直に仕えていたが、1590年（天正19）北条氏滅亡後は、徳川家康に仕えた。父や兄の政季が家康に仕えていたのでその縁故を頼ったのであろう。400石を知行していた。関ヶ原の戦いや大坂の陣にも供奉した。1616年（元和2）命により家康の子頼宣に付属させられた。1618年（元和4）3月7日没。62才。法名「桃庵宗見居士」。写真の向かって左の大きいほうが秀年の墓で、法名と没年が刻まれている。通常、この2つは右が寿桂尼（今川氏輝室）、左がその妹の墓とされていて、市の指定史跡になっている。しかし2基とも本間氏の墓であることは間違いなく、「駿河志料」にもこの2基は本間氏の墓としている。同書によると、寿桂尼の墓はその一段上の3基（現存する）のうちの1つとしているが、この3基とも江戸時代のものであり、寿桂尼の墓ではない。現在、寿桂尼の墓とされている右の墓は、父（長季）・兄（政季）・兄の子（範安）・秀年の子（可近）の4人のうちの誰かの墓である。

山内甚五左衛門 (1789～1860)

蓮永寺

静岡市葵区
沓谷2-7-1

　1789年（寛政元）生まれ。始め総左衛門。名は董正、重正。幕臣で代官。1834年（天保14）から下野国東郷代官や真岡代官を務めたとき部下（手付）に二宮尊徳がいて農地開墾開発に功績があった。順調に出世を重ね、晩年には駿府の代官を務めた。1860年（万延元）7月15日没。1924年（大正13）正五位を贈られた。

お万の方 (1577～1653)

蓮永寺

静岡市葵区
沓谷2-7-1

　お万の方は、1577年（天正5）正木頼忠の娘として生まれ蔭山氏広の養女、とされているが、実際は氏広の娘である可能性が高い。1580年（天正8）生まれ説もある。生まれた場所も伊豆・小田原・安房国等諸説あり、千葉県勝浦市八幡岬公園には生誕地の碑がある。母は正木頼忠と離婚したあと蔭山氏広と再婚。そして文禄年間に徳川家康の側室となり、10男頼宣・11男頼房を産んだ。家康の死後は、養珠院と称した。熱心な日蓮宗の信者であった。1653年（承応2）8月22日没。77才。法名「養珠院殿妙紹日心大姉」。家康の側室で「お万の方」は3人いるので「養珠院お万の方」といわれることが多い。ほか、長勝院お万の方、清源院お万の方がいる。水戸黄門の祖母でもある。

大久保忠宜（？～1868）

蓮永寺

　　静岡市葵区
　　沓谷2-7-1

　大久保備後守の子。四郎、紀伊守。忠宣とも。幕臣で大監察や駿府町奉行を務めた。幕末の幕臣のなかでも抗戦派だったためか、1868年（慶応4）2月20日に駿府町奉行を罷免された。その後、彰義隊に加わり隊長に任命された。同年5月15日上野山中堂脇で額の上に新政府軍の弾が命中して戦死。50才前後だった。この戦いで忠宣の次男も戦死した。

酒依昌吉 (?～1617)

蓮永寺

静岡市葵区
沓谷2-7-1

　昌光の子。長兵衛。清左衛門。信興とも。父昌光は武田信玄、勝頼に仕えたが1575年（天正3）の長篠の戦いで討死。昌吉は徳川家康に仕え、小田原攻めや上杉景勝征伐、大坂の陣などに従い、武蔵国高麗郡で80石余りを賜った。1617年（元和3）1月6日没。法名「高直院欠叟常圓大居士」。大森家の墓石の側面に法名と没年が刻まれている。大森家と酒依昌吉の関係は不明だが、大森家も家康から、昌吉と同じ武蔵国高麗郡を賜っていることから、姻戚関係にあったと思われる。

湊省太郎 (1862〜1896)

蓮永寺

　静岡市葵区
　沓谷2-7-1

　江戸の生まれ、新八郎の子。自由民権運動家。静岡の岳南自由党に属してかなり過激な活動を行った。明治政府打倒のため強盗を働き軍資金の調達をした。さらに1886年(明治19)鈴木音高、宮本鏡太郎、鈴木辰三、中野二郎三郎らとともに大臣暗殺を計画したが、密偵により露見。同年6月12日に東京で逮捕された。この事件は静岡県出身者が多いことから静岡事件と呼ばれる。1896年（明治29）11月27日北海道釧路の監獄において獄死。35才。法名「正念院信解日省居士」。

湊新八郎 (1829〜1890)

蓮永寺

　静岡市葵区
　沓谷2-7-1

　三橋斧右衛門の次男。1829（文政12）生まれ。名は信任。兄に三橋虎蔵盛任がいる。静岡事件を計画した湊省太郎の父。剣術の達人で、幕府の講武所に勤務していたがのちに遊撃隊に入る。遊撃隊のなかには五稜郭まで行って戦った幕臣もいたが、新八郎は徳川慶喜に従って駿府に移住。1890年(明治23) 9月13日没。62才。法名「一念院任信日鮮居士」。墓石側面には「八代目湊任信」「行年五十八才」と少し違って刻まれている。

岸本十輔 (? 〜 1838)

蓮永寺

静岡市葵区
沓谷2-7-1

　武太夫就美の子。荘美。父の就美は美作の庄屋の子だったが、後に幕臣となり関東代官。十輔も父とともに民政に尽力。茨城県坂東市の藤岡稲荷神社の境内には父子24年間の功績を讃え「岸本君二世功徳碑」が建立されている。1831年（天保2）から駿府代官（飯島陣屋の代官を兼務）。没年については異説あるが、墓石により1838年（天保9）10月6日子の刻に67才で亡くなったことがわかる。法名「十如是院殿寛輔宗永日勤居士」。墓石には、女性2名の法名もある。

勝小吉・信子・順子
(1802〜1850　1804〜1870　?〜1908)

蓮永寺

静岡市葵区
沓谷2-7-1

　1802年（享和2）1月15日旗本男谷平蔵の3男として生まれる。勝海舟の父。勝甚三郎の養子となる。かなりの暴れん坊で自身の著書「夢酔独言」にエピソードが残る。息子海舟も睾丸が1つ（犬に襲われた）だったが、小吉も崖から落ちて睾丸が1つだった。1838年（天保9）37才で隠居、海舟に家督を譲った。1850年（嘉永3）9月4日没。49才。法名「英徳院殿夢酔日正居士」。信子は勝甚三郎の娘。海舟の母。1819年（文政2）小吉と結婚。1870年（明治3）3月25日没。67才。法名「榮正院殿妙壽日徳大姉」。順子は小吉の次女。海舟の妹で1852年（嘉永5）17才のとき佐久間象山に嫁ぐ。象山が松代に蟄居になると、順子も夫について松代に移る。象山暗殺後は未亡人となったが、明治期に村上俊五郎と同棲生活をした。1908年（明治41）1月3日没。73才。法名「慈海院殿妙香日順大姉」。

吉見義次 (1845 〜 1916)

蓮永寺

静岡市葵区
沓谷2-7-1

　儀助の子。1845年(弘化2)7月24日生まれ。幼名銀之助。幕臣。江戸幕府が崩壊して慶喜が静岡に移るとこれに従う。駿府藩が開校した静岡学問所の教授となった。ここでは近藤鎮三とともにドイツ語を担当した。1880年（明治13）静岡市の安西に書籍店を開いた。1779年（明治12）との説もあるが、墓石側面には1880年（明治13）とある。現在も静岡市内に吉見書店の店舗がある。1916年（大正5）1月16日に病没。享年71才。法名「荘徳院義次日正居士」。妻の八重の墓も近くにある。

林源治(?～1868)

蓮永寺
　静岡市葵区
　沓谷2-7-1

　源太の長男。源輔とも。弟に三郎惟純がいる。幕末の会津藩士。松平容保の家老西郷頼母配下の敢死隊差図役。1868年（慶応4）明治新政府軍による会津戦争のときは会津藩士として戦ったが8月23日、大野原で戦死した。39才。なお8月23日は白虎隊が自刃、さらに神保内蔵助、田中土佐の2人家老が自刃した日でもある。墓石は両親と源治の妻な保子の4人の名がある。妻は猶子とも書き、源治と同じ日に堤沢という場所で死亡している。戦死か自決だろう。

林惟純 (1833～1896)

蓮永寺

静岡市葵区
沓谷2-7-1

　1833年（天保4）1月14日会津藩士の父源太と母ゆり子の間に生まれた。兄に会津戦争で戦死した林源治がいる。明治のころまで三郎を名乗っていた。惟純は秀才で幕府の麹町教授所を秋月悌次郎の後釜となり運営管理した。1866年（慶応2）に会津藩士から幕臣となる。幕府滅亡後は、勝海舟の補佐役として駿府へ移住。静岡藩に勤務して漢学を教えた。生徒に伊庭想太郎、出羽重遠などがいる。晩年は、東京の正則尋常中学校の漢学の教師となる。1896年（明治29）3月31日に胃癌により没した。63才。墓石には、妻忠子（松平謹次郎の娘）の名も刻まれている。

大久保忠恕 (1828〜1870)

蓮永寺

静岡市葵区
沓谷2-7-1

　上野小幡藩主松平忠恒の次男。豊後守。主膳正。号は拙存。幕臣。長崎奉行、京都町奉行、大目付、陸軍奉行並等に任じられた。1868年（慶応4）の鳥羽伏見の戦いでは、陸軍奉行並として京の二条城を主将として守った。甲陽鎮撫隊（新撰組）が甲斐で敗走したあと、集合場所に選んだのが江戸の忠恕の屋敷であった。息子には有名な漢学者松平康國や英語学者佐久間信恭がいる。1870年（明治3）8月17日没。

羽田正見 (1826〜1893)

蓮永寺

静岡市葵区
沓谷2-7-1

　利見の子。1826年(文政9)9月10日江戸湯島生まれ。十左衛門。のちに名を満佐美、号を安堂とした。幕臣。29才で父の跡を継ぎ、代官、目付、勘定吟味、最終的には勘定奉行並となる。幕府滅亡後は帰農した。1893年（明治26）6月10日没。68才。法名「日法苑院美静日徳居士」。著書に『貨幣通考』などがある。墓石正面「羽田満佐美之墓」裏面に経歴が刻まれている。

星野鉄太郎 (1837～1909)

蓮永寺

静岡市葵区
沓谷2-7-1

　1837年（天保8）12月3日生まれ。名は敬愛。幕臣で駿府町奉行与力を務めた。明治になってからは、静岡県に出仕して富士郡長、安部郡長、榛原郡長を経て1889年（明治22）5月13日に初代の静岡市長となり、1902年（明治35）4月17日まで務めた。1902年（明治35）8月10日第7回衆議院議員総選挙に壬寅会として出馬して当選した（桂太郎内閣）。1909年（明治42）4月10日没。73才。法名「寛雄院敬愛日仁居士」。墓石正面に鉄太郎の法名と夫人の法名「仁愛院妙功日德大姉」が刻まれている。

矢口謙斎 (1817〜1879)

蓮永寺

静岡市葵区
沓谷2-7-1

　1817年（文化14）武蔵国本庄藩の森田家に生まれる。名を正浩、通称を浩一郎という。幕臣矢口家の養子となる。学問に秀で1843年（天保14）江戸昌平黌学問所の試験に合格。その後甲府徽典館頭取を務めた。戊辰戦争のときは、開陽丸で箱館に向かい榎本武揚の五稜郭に籠もる。1869年（明治2）榎本軍が降伏すると、豊後岡藩にお預けとなる。翌年、赦されて静岡藩に出仕したが、のちに有度郡下足洗村（静岡市葵区千代田）に隠棲。1879年（明治12）6月没。62才。

小杉直吉 (1836～1903)

蓮永寺

静岡市葵区
沓谷2-7-1

　1836年（天保7）生まれ。右藤次。幕臣。長崎奉行支配組頭。幕府崩壊後は、沼津の上香貫に移住。1872年（明治5）から明治政府の司法省に身を置き名古屋、千葉など各地の裁判所の判事を歴任。1895年（明治28）に退官、静岡市に隠棲。得意な謡曲（能楽）の指南役を務め、かつての主君徳川慶喜の謡の相手をしたりした。門下生も多く報土寺で常会が行われていたため「報土寺会」と呼ばれていた。1903年（明治36）8月24日没。68才。法名「泰嶺院殿松韻日響居士」。直吉の娘（3女）杪（すえ）は、会津松平容保の次男松平健雄に嫁いでいる。

伴門五郎 (1839〜1868)

蓮永寺

静岡市葵区
沓谷2-7-1

　名主岡田平左衛門の3男で1839年(天保10)4月8日生まれ。名は貞懿。叔父の伴経三郎貞栄の跡を継ぐ。幕府に仕え御徒、のちに陸軍調役。彰義隊の結成者の1人で、頭取渋沢成一郎、副頭取天野八郎に次ぐ幹事に任命された。1868年(慶応4)5月15日、上野に立て籠もる彰義隊は政府軍によって討伐され、門五郎もその時戦死したという。30才。法名「義章院貞心日清居士」。墓石側面に幕末に没した養父伴経三郎貞栄から代々の法名が刻まれている。

関谷銘次郎 (?〜1904)

陸軍墓地

静岡市葵区
沓谷2-7

　大垣藩士関谷玄助の子。兄に地震学者で理学博士の関谷清景がいる。1904年（明治37）日露戦争時は陸軍中佐で、静岡第34連隊の連隊長に任命される。同年8月31日遼陽の戦いの最大の激戦地首山堡で部下の橘周太ともに戦死した。戦後大佐に特進した。銘次郎（めいじろう）と誤記されてることが多いが墓石にもあるように銘次郎（かくじろう）が正しい。

橘周太 (1865～1904)

陸軍墓地

静岡市葵区
沓谷2-7

　1865年（慶応元）9月15日長崎雲仙市の庄屋、城代季憐（格橘季憐）の次男として生まれる。勝山小学校、長崎中学校、上京して二松学舎に入学、1881年（明治14）陸軍士官学校に幼年生徒として入校。27才のときに東宮（大正天皇）の侍従となり国語などを教えた。日露戦争中の1904年（明治37）8月11日第3師団の静岡第34連隊第1大隊長に任命される。(連隊長関谷銘次郎) 同年8月31日の遼陽の戦いの最大の激戦地首山堡で戦死した。武人としても優秀であり、彼を慕うものも多く、陸の軍神として崇められた。戦後、陸軍歩兵中佐正六位勲四等功四級。墓石には「従六位」（横に「正六位」）とあるので、墓石を建立したときは従六位だったと思われる。

松平康次 (1544〜1615)

長源院

　静岡市葵区
　沓谷1-24-1

　徳川家康と姻戚にあたる宮石松平の出。宗次の子。家康に仕えた。1581年（天正9）3月高天神城攻めのときは、蟄居中だったが忍んで参陣。同じく蟄居中だった成瀬久次とともに手柄を立てた。1584年（天正12）長久手の戦いのときは、首2つを獲った。その後、久次とともに家康の5男武田万千代の守役となる。万千代が死ぬと家康のもとで御目付となる。大坂の陣のときは、駿府で留守居役を務めた。1615年（元和元）8月28日没。72才。五輪塔には、法名「了諦院殿傑叟玄英居士」や氏名・没年などが刻まれている。この五輪塔は、子孫の松平下野守正常の再建によるものである。

貴志正吉 (?〜1610)

長源院

　静岡市葵区
　沓谷1-24-1

　正成の子。父正成は、北条氏照の臣。1590年（天正18）より兄正久とともに徳川家康に仕えた、とあるので、北条氏滅亡後すぐに家康に仕官したと思われる。相模の津久井に采地700石。大番頭。1610年（慶長15）9月9日没。41才。法名「勝運玄寿居士」。自然石の墓石には、没年月日と「貴志彌兵衛安倍正吉墓」と刻まれている。1854年（嘉永7）3月9日に後裔によって建てられたことも記されている。

貴志忠美 (?〜1857)

長源院

   静岡市葵区
   沓谷1-24-1

　孫太夫。幕臣で駿府町奉行。学者、画家、蔵書家でもあり、蘭学の医術にも知識があった。号は竹園・朝暾（とん）。1853年（嘉永6）10月に駿府町奉行となると地元の写生をして「大崩海岸図」「海上より久能御山遥拝之図」などを描いた。忠美による人体の解剖図などもいまに伝えられている。1857年（安政4）3月29日没。墓石側面に「駿府町奉行　貴志孫太夫安倍忠美」、正面に「清岳明敦居士」と刻まれている。

西尾利氏 (1585〜1611)

長源院

静岡市葵区
沓谷1-24-1

　鶴見市丞利政の子で、西尾吉次の養子となる。美濃国（岐阜県）生まれ。徳川家康に仕え、下総国（千葉県）内に1千石を賜る。1600年（慶長5）関ヶ原に供奉。戦後、生国の美濃国厚見郡藪田上奈良の地900石を加増された。1611年（慶長16）7月19日駿府で没。47才。法名「良知院殿寿岳全勝居士」。西尾吉次の跡は、酒井重忠の子で同じく吉次の養子となった西尾忠永が継いだ。そのため別に家を興した。

加藤忠恕 (1838〜1889)

長源院

　静岡市葵区
　沓谷1-24-1

　伊織の子。1838年(天保9) 8月15日江戸に生まれた。忠左衛門、筑後守。加藤家は代々徳川家に仕えた幕臣。1853年（嘉永6）家督を継ぐ。槍術に優れていた。幕臣として出世を重ね1867年（慶応3）には歩兵頭で1千石となった。明治になると静岡藩の徳川家達に仕えた。家達が東京に戻ると、沓谷村（静岡市葵区）で学問を近所の子供に教えて過ごした。1889年（明治22）3月19日没。51才。法名「忠恕院殿孝学義道居士」。墓石には夫妻の法名がある。妻は野村氏（森川雅四郎の娘としているものもあるが間違い）。

梅澤孫太郎 (1817～1881)

沓谷霊園

　静岡市葵区
　沓谷1

　1817年（文化14）1月9日に国友尚之の3男として生まれた。名は守義。水戸藩士。慶喜が15代将軍になる前から仕えた。1862年（文久2）慶喜に従って京に行く。水戸藩では御従目付から大納戸奉行まで昇進した。慶喜が将軍になってからも補佐した。幕府瓦解後、慶喜が駿府に移るとこれに従い、徳川家の家令として慶喜と同じ屋敷に住んだ。（現在の浮月楼）慶喜の家族が清水湊や久能山などに出かける際はこれに随行した。1881年（明治14）5月20日没。65才。墓石は同じ幕臣の山岡鉄舟の書によるものである。

梅澤敏 (1847～1899)

沓谷霊園

静岡市葵区
沓谷1

　水戸藩士の梅澤孫太郎の3男。1847年(弘化4)10月7日生まれ。銭三郎。長男信貞は水戸藩の内紛によって打首にされ、次男直は国友家へ養子に行ったため敏が梅澤家を継いだ。幕府の遊撃隊に属していて人見勝太郎とは親友。1868年（慶応4）鳥羽・伏見の戦いでは軽傷を負った。その後も幕府方として戦い、箱館で降伏。(酒田で降伏とも）明治以降は静岡の徳川慶喜に弟の覚とともに仕えた。敏は安部郡長、静岡県議会議員を務めたのち、1899年（明治32）3月26日没した。53才。法名「敏達院殿」。妻は本橋氏。墓石正面「梅澤氏之墓」とあり、裏面には敏と敏より早く亡くなった長男正明の経歴等が刻まれている。

大杉栄 (1885〜1923)

沓谷霊園

　静岡市葵区
　沓谷1

　1885年（明治18）1月17日讃岐国丸亀生まれ。軍人大杉東の次男。東京の幼稚園に通うが、1889年（明治22）12月5才のとき父の転任に伴い新発田（新潟県新発田市）に移り15才まで過ごす。自由恋愛論者であったためか、同性愛に走ったこともあった。堀保子と結婚（入籍せず）しながら神近市子、伊藤野枝とも愛人関係となった。思想は、社会主義者でアナキズム（無政府主義）。過激な行動で何度か逮捕され刑務所生活を送った。1923年（大正12）フランスでも演説を行い警察に逮捕され、強制送還となる。同年9月16日関東大震災の時に、伊藤野枝、甥で6才の橘宗一とともに憲兵に逮捕され、殺害された。38才。甘粕正彦が主犯で実行したとされる甘粕事件に関与したためである。

朝比奈元長 (?〜1566)

元長寺

　静岡市葵区
　瓦場町 151

　藤原鎌足の孫で三十六歌仙の一人。堤中納言兼輔の末裔で、朝比奈俊永の子。丹波守。父と同じく今川家に仕え、元長の「元」は今川義元からその一字を与えられた。1560年(永禄3)桶狭間の戦いに参戦。敗戦の中、柳の木陰に身を潜めて討死をまぬがれた。1566年（永禄9）8月23日病没。徳川家康とは、義元配下としての同じ重臣。法名「元叟元長大居士」。自然石でできている墓石の前面に法名と「朝比奈丹波守藤原元長之塔」の文字が刻まれているのがわかる。

柏原孝章 (1835〜1910)

清水寺
　静岡市葵区
　音羽町 27-8

　1835年(天保6)5月6日高松藩の医師柏原兼好の3男として生まれる。若くして讃岐の医師中桐文炳の養子となるが後に柏原家に戻る。1853年(安政元)閏7月、19才のとき緒方洪庵の適塾に入門。約9年間学び、塾頭も務めた。その後、幕府の奥医師石川桜所に入門。1864年(元治元)4月から一橋(徳川)慶喜の侍医となる。慶喜が15代将軍となってからも侍医として仕え、幕府滅亡後も慶喜の謹慎先の水戸から駿府に同行。駿府では慶喜の屋敷の前に医院を開いた。1910年(明治43)11月5日没。法名「平等院慈徳孝章居士」。号は学而。墓石には、妻つねの没年1916年(大正5)9月27日と法名「等持院妙徳道章大姉」も刻まれている。なお、夫妻の法名の「等」の字は草冠に寺となっている。

源応尼 （？〜1560）

華陽院

　静岡市葵区
　鷹匠2-24-18

　青木加賀守の娘。大河内左衛門尉元綱に養われた。「源応尼」は、尼になってからの呼び名で、それ以前は、お富・お留と名乗っていた。水野忠政に嫁ぎ、3男1女を産んだ。その1女が徳川家康の母、お大の方である。美貌ゆえ、松平清康（家康祖父）がお富を望み、妻とする。清康のもとでも、1男1女を儲ける。清康が1535年（天文4）家臣に殺害されたのちは、星野備中守秋国の妻となる。秋国の死後、菅沼藤十郎定望の妻となる。定望の死後は、川口久助盛祐に嫁ぐ。生涯通して、5人の夫を持ったことになる。今川家の人質となっていた家康の教育もした。1560年（永禄3）5月6日没。70過ぎとされる。法名「華陽院殿玉桂慈仙大禅尼」。墓石には「華陽院殿」と刻まれている。

お久の方 (?〜1617)

華陽院

静岡市葵区
鷹匠2-24-18

　間宮康俊の娘。(異説有り) 生年不明。1590年 (天正18) 父康俊が山中城で討死したのち、徳川家康の側室となる。1595年(文禄4) 伏見城で、家康の娘松姫を産んだ。1617年 (元和3) 2月18日没。墓石正面に葵の紋と法名「普照院殿光譽智相宗薫大禅定尼」が側面には没年月日が刻まれている。この墓石は、1865年 (慶応元) に子孫間宮氏によって再建されたものである。お久の方の没年は不明となっているが、この墓石から判明できた。

市姫 (1607〜1610)

華陽院

静岡市葵区
鷹匠2-24-18

　1607年（慶長12）1月1日生まれ。徳川家康の娘。家康の子供の中で末っ子。母は英勝院お勝の方。信長の妹お市の方にちなんで、市姫と名付けられ、伊達忠宗(政宗の次男)との婚約が決まっていたが、1610年（慶長15）閏2月12日没。墓石に法名「一照院殿」「圓芳功心大清女」と没年月日が刻まれている。

松平信之・安藤直之・安藤広栄
（？～1838　1742～1805　？～1826）

華陽院

　　静岡市葵区
　　鷹匠 2-24-18

　松平右近信之は旗本で駿府城の定番。1834 年（天保 5）6 月 24 日に定番に任じられ、1838 年（天保 9）7 月 19 日没。墓石に法名「佑〇院殿德譽遂良顯忠居士」とある。安藤伊予守直之は 1742 年（寛保 2）12 月 22 日江戸で遠江浜松藩主松平信祝の五男として生まれた。安藤直元の娘を娶り安藤家の養子となる。1767 年（明和 4）3 月 19 日に 10 代将軍徳川家治に拝謁。中川御番、火消役、書院番頭、大番頭を歴任。1805 年（文化 2）2 月 29 日 から駿府城代。同年 8 月 10 日に駿府で没した。64 才。墓石に法名「源樹院殿前豫州刺史直譽騰山誼純大居士」と没年がある。安藤出雲守広栄は 1825 年（文政 8）4 月より駿府城代を務めた。1826 年（文政 9）12 月 10 日没。法名「賢彰院殿功譽普山徳純大居士」。写真は向かって右から、松平信之、安藤直之、安藤広栄の墓。

岡部正綱 (1542〜1583)

宝泰寺

静岡市葵区
伝馬町 12-2

　1542年（天文11）美濃守常慶の子として駿河に生まれる。父と同じく今川義元に仕える。義元が討死したのちも今川家に仕えていた。1568年（永禄11）12月武田信玄が駿河を侵略、氏真は掛川に落ち延びた。しかし、信玄が甲斐に引き上げると正綱は駿府城を奪回、氏真を迎え入れようとした。結局、氏真が駿府城に戻らないまま、1569年（永禄12）信玄に城を包囲された。正綱は、信玄の説得に応じ城を開き、武田家の家臣となった。信玄・勝頼の家臣として三方原の戦い、長篠の戦いに出陣。徳川家康が駿河に進攻すると武田家を見限って家臣となる。家康が人質として駿府にいた幼少のころから面識があったため歓迎された。その後は、家康の家臣として甲斐・駿河の人心を掌握することに功績があった。1583年（天正11）12月8日駿府で没す。42才。墓石に、法名「寶林院殿好雪道龍大居士」と没年月日が刻まれている。

佐藤継成（?〜1634）

宝泰寺

　静岡市葵区
　伝馬町 12- 2

　源義経に仕えた忠臣佐藤継信の末裔という。祖父信則は織田信長に仕え、父堅忠は豊臣秀吉・徳川家康に仕えた。継成は、関ヶ原の後に家康に仕え大坂の陣に従った。のち秀忠に仕え近江国高島郡内に3190石を賜る。寛永年間に日光山御宮造営奉行や駿府の町奉行を歴任する。1634年（寛永11）4月3日駿府において死す。65才。岡部正綱墓の数メートル奥側にある。墓石には、没年月日と法名の「普覺院殿性岳祖光居士」が刻まれている。

石川総因 (1671〜1728)

宝泰寺

　静岡市葵区
　伝馬町 12-2

　1671年(寛文11)石川義當の3男として生まれる。丹後守。幕臣。はじめ下條長兵衛信隆の養子となる。1692年（元禄5）11月1日、5代将軍徳川綱吉に拝謁。御書院番、桐間番御近習、御小姓などを務めた。1715年（正徳5）兄総乗の養子となる。同年12月1日、7代将軍家継に拝謁。総乗の死去により1720年（享保5）8月4日跡を継いだ。1726年（享保11）4月、8代将軍吉宗の鷹狩りに息子総為と従った。1728年（享保13）9月7日没。59才。法名「了性院殿俊嶽惣因大居士」。

山梨稲川② (1771〜1826)

宝泰寺

　静岡市葵区
　伝馬町12-2

　この墓碑は、松崎慊堂（益城松崎復）の撰、狩谷棭斎（湯島狩谷望之）の書、娘の夫の戸塚柳斎（壻戸家維春）の建立による。刻字は広瀬群鶴（廣瀬羣鶴）により、稲川の経歴が細かく刻まれている。（　）内は墓石のまま。駿河区稲川の崇福寺の墓も元々はこの宝泰寺にあったが、玄孫山梨昌明のときに移転された。

戸塚柳斎 (1788～1853)

宝泰寺

　静岡市葵区
　伝馬町 12-2

　柳斎は奏輔といい、掛川の医師隆珀の次男として1788年（天明8）に生まれる。初め奏輔と名乗る。弟に幕府の蘭方医戸塚静海がいる。詩人でもあり医者でもあった。学問を松崎慊堂、林述斎、山梨稲川に学び、医術を十束井斎と華岡青州に学び、駿府で医院を開業した。1853年（嘉永6）4月22日没。66才。妻は山梨稲川の長女阿佐。養子に医師の戸塚積斎がいる。墓石は2つ有り、上の墓碑には柳斎の経歴が刻まれている。こちらは命日である1859年（安政6）4月22日に建立された。

鵜殿鳩翁 (1808〜1869)

本要寺

静岡市葵区
安東2-5-10

　1808年（文化5）熊倉茂寛の次男として生まれる。幕末の幕臣。長鋭。鵜殿甚左衛門長快の養子となる。攘夷派だが、日米和親条約締結のとき幕府側の応接係を務める。14代将軍候補に一橋慶喜を推薦したり、井伊直弼が大老就任に反対したため、安政の大獄のときに左遷。幕府が新撰組の前身でもある浪士組を募集すると、清河八郎、山岡鉄舟らとともに取締役となる。1868年（明治元）静岡に移り住み、1869年（明治2）6月6日没した。墓石に法名「懿徳院殿故民部小輔従五位下周道日光大居士」と没年、妻の法名、没年も刻まれている。

馬場信房 (1514〜1575)

臨済寺

　静岡市葵区
　大岩町 7-1

　教来石信保の子。1514年（永正11）生まれ。美濃守。信春とも。武田信虎・信玄・勝頼の3代に仕える。教来石氏を名乗っていたが、馬場氏を継ぐ。信玄のときに数々の手柄を立て、1572年（元亀3）三方原の戦いでは徳川家康を追い詰めた。1575年（天正3）5月21日長篠の戦いのときは勝頼を逃すために、殿を務め、長篠の出沢で討死した。なお、信房の娘の1人が家康股肱の臣鳥居元忠の妻となっている。馬場家先祖代々の墓石には信房の法名「信翁乾忠大居士」と没年月日を先頭に代々が供養されている。信房の法名は他に「乾嫂白元居士」「秀體院殿傑山常雄大居士」「龍嶽院殿大法寿山居士」「英忠院殿天雄智伯居士」などがあり、墓も10カ所以上ある。ここと同じ「信翁乾忠大居士」の法名は、高野山奥之院の墓石にも刻まれている。

雪斎 (1496〜1555)

臨済寺

静岡市葵区
大岩町7-1

　雪斎は、太原崇孚とも称する。1496年（明応5）生まれ。父は庵原政盛。僧侶にして今川義元の軍師でもある。織田方の安祥城を攻め落とし、捕虜とした信広（信長兄）と松平竹千代（徳川家康）の人質交換に成功する。駿府に来た幼い家康の学問の師ともなる。ここ臨済寺と静岡市清水区の清見寺には、家康手習いの間が今も残されている。1555年（弘治元）10月10日没。60才。死後に「宝珠護国禅師」と諡された。歴代住職の墓が数基あり、「寶珠塔」と刻まれているのが雪斎の墓である。

中村一氏（？〜1600）

臨済寺

　静岡市葵区
　大岩町7-1

　一政の子で豊臣秀吉の家臣。数々の戦に歴戦して1590年（天正18）小田原合戦ののち駿河で17万5千石を賜る。江戸に国替えになった徳川家康を警戒するため、秀吉は東海道筋に子飼いの武将を置いた。のち豊臣政権の三中老となる。1600年（慶長5）の関ヶ原の戦いのときには、家康の味方となる。この時、東海道筋の中村・山内・福島等の秀吉子飼いの武将は皮肉にも家康側についた。しかし、一氏は合戦のまえの1600年（慶長5）7月17日に病没。墓石の下部は、最近になって修復された。

中村一氏妻 (?~1599)

臨済寺

　　静岡市葵区
　　大岩町7-1

　信長の家臣池田恒興の娘。信長の命により、1575年（天正3）頃鬼武蔵といわれた森長可に嫁ぐ。1584年（天正12）長久手の戦いで父恒興と夫長可が家康軍と戦い討死すると未亡人となる。その後、秀吉の家臣中村一氏と再婚。一忠を生んだ。1599年（慶長4）7月20日没。法名「安養院春林宗茂大禅定尼」。墓石に法名と没年月日、「中村一氏公夫人ひさ墓」とある。「ひさ」という名は、長可の遺書にも見られる。

今川義元正室 (1519〜1550)

臨済寺
　静岡市葵区
　大岩町7-1

　武田信虎の長女。信玄の姉にあたる。1537年(天文6)2月10日、18才のときに今川義元に嫁ぎ、武田家と今川家は親戚関係となる。しかしこれがきっかけで北条氏との関係が悪化。駿河国まで攻め込まれた。義元との間には氏真と女子2人をもうける。そのうち1人は実家の武田家、信玄嫡男義信の妻となる。1550年（天文19）6月2日没。法名「定恵院殿南室妙康大禅定尼」。なお、武田信虎は、この娘に会うために駿府に訪問したが、信玄によって帰国を拒絶されたため、そのまま駿府に居候することになった。

今川範政 (1364〜1433)

臨済寺

　静岡市葵区
　大岩町7-1

　泰範の子。駿河今川第4代当主。室町幕府の副将軍。足利義持、義量、義教の3代に仕えた。1416年(応永23)上杉禅秀の乱のときは、幕府軍として足利持氏を支援して乱の鎮圧で功績があった。このとき4代将軍の義持より副将軍に任命された。範政は長男の範忠を廃嫡して千代秋丸に今川の家督を譲ろうとしたため、お家騒動が起こった。範政はこの騒動のなか、1433年（永享5）5月27日に没した。法名「今林寺殿慶堂道賀大禅定門」。

今川範忠 (1408～1455 ?)

臨済寺

　静岡市葵区
　大岩町7-1

　範政の子。駿河今川第5代当主。1408年（応永15）5月に生まれる。室町幕府の将軍足利義教、義勝、義政に仕える。父で第4代当主範政により廃嫡されそうになったが、将軍義教の判断により今川家を継ぐ。そのため足利将軍家への忠誠心が高く、永享の乱、結城合戦、足利成氏征伐などに幕府側として戦い戦功を挙げた。永享の乱の戦功として将軍義教は「天下一苗字」を与え、これ以降範忠の直系以外は今川の姓を名乗ることが出来なくなった。1455年（康正元）没。没年には異説あるが、この墓石には康正元年とある。法名「宝處寺殿不二全大禅定門」。

今川義忠 (1436〜1476)

臨済寺

静岡市葵区
大岩町7-1

範忠の子。駿河今川第6代当主。室町幕府8代将軍足利義政に仕え嘉吉の乱、享徳の乱に出陣。功績により将軍義政の「義」の字を与えられ義忠と名乗った。1467年（応仁元）応仁の乱が起こると東軍に属した。このころ遠江の所領を巡り、同じ東軍の斯波義良と細川成之とが対立。義忠は義良側に付いた横地四郎兵衛と勝間田修理亮を攻めるため500騎で出陣。1476年（文明8）勝間田城と横地城の城を落としたが、4月6日遠江小笠郡塩買坂（静岡県菊川市）で勝間田、横地の残党に襲われて討死した。法名「長保寺殿桂山昌公大禅定門」。妻は北条早雲の姉（妹とも）北川殿。

今川氏輝 (1513〜1536)

臨済寺

静岡市葵区
大岩町7-1

　氏親の嫡男。駿河今川第8代当主。1513年（永正10）生まれ。義元の兄で、ともに母は公家出身の寿桂尼。1526年（大永6）6月23日に父9代当主氏親が死去し、家督を継ぐ。若年のため、母の寿桂尼が補佐した。相模の北条氏綱と同盟を結び、甲斐の武田信虎と対立してしばしば戦った。文化人で歌を冷泉為和に学びたびたび歌会にも参加している。1536年（天文5）3月17日没。24才。同じ日に弟の彦五郎も亡くなっていていることから毒殺説などもある。法名「臨済寺殿用山玄公大居士」。

関口隆吉 (1836〜1889)

臨済寺

　静岡市葵区
　大岩町7-1

　1836年（天保7）9月17日幕臣の隆船の次男として生まれる。父と同じく幕臣で、1852年（嘉永4）御持弓与力となる。幕府崩壊後も慶喜に従い駿府に移住。旧幕臣とともに牧之原台地の開墾や茶業の発展に尽くした。その後、明治政府に仕え、山口県令や静岡県令などを務め、1886年（明治19）初代静岡県知事に任命された。山口県令時には、萩の乱の鎮圧にも貢献した。1889年（明治22）4月11日東海道線安倍川付近での列車同士の正面衝突事故の時、乗車していて巻き込まれ鉄材で足を負傷。この傷がもとで、破傷風となり1889年（明治22）5月17日没。53才。

永峰弥吉 (1840～1894)

臨済寺

　静岡市葵区
　大岩町 7-1

　駿府の幕臣高橋古太夫誠種の 3 男。1840 年（天保 11）生まれ。従兄に幕臣の川路聖謨がいる。戊辰戦争のときは旧幕府軍とともに脱走して榎本武揚の五稜郭に籠もる。榎本政権では会計を担当した。榎本武揚が新政府に降伏したのちは、謹慎を経て静岡藩に仕えた。廃藩置県後も同じく静岡県に勤務して、大書記官を務めた。有能なため順調に出世していき、1891 年（明治 24）第 4 代宮崎県知事、翌年第 4 代佐賀県知事に任命されている。1894 年（明治 27）1 月 12 日佐賀県知事在任中に病のため没した。

竹内正策 (1851～1922)

臨済寺

　　静岡市葵区
　　大岩町7-1

　1851年（嘉永4）5月5日土佐藩の竹内頼輔の次男として生まれる。明治政府に仕え陸軍に入る。1877年（明治10）西南戦争のとき少尉で第2旅団に属して参戦。このとき被弾し負傷して入院。1894年（明治27）日清戦争では中佐で兵站部参謀長を務めた。この戦時中に脳充血のため療養。1904年（明治37）日露戦争は少将で後備歩兵第4旅団長を務め旅順攻撃に参戦した。戦後、陸軍中将。退役後は静岡市で過ごした。1922年（大正11）5月3日肺結核で再起不能となると拳銃自殺した。1912年（明治45）1月各地に散らばっていた先祖の墓を正策がここに改装、累代の墓所と定め建立した。

今川義元 (1519～1560)

富春院

　静岡市葵区
　大岩本町 26-23

　1519年（永正16）氏親の3男（5男説もあり）として駿府城に生まれる。駿河今川第9代当主。幼名を万菊丸といった。のち出家して雪斎の弟子となり、善徳寺に入った。このときは、承芳と名乗っていた。1526年（大永6）父が亡くなると、兄氏輝が今川家を継いだ。1536年（天文5）氏輝が24才の若さで亡くなると、氏輝に子供がいなかったため、今川家は出家していた承芳（義元）が継いだ。このとき、異母兄の良真が不満を持ったため、これを討ち滅ぼした。（花倉の乱）その後、駿府・遠州の他、三河まで領土を拡大。1554年（天文23）善徳寺で武田・北条と三者同盟を結んだ。東からの憂いをなくした義元は、京都を目指して上洛を開始する。しかし1560年（永禄3）5月19日、隣国尾張の桶狭間で織田信長によって討ち取られてしまった。法名「天澤寺殿秀峯哲公大居士」。

小野高寛 (1586～1672)

松源寺

　静岡市葵区
　大岩本町 26-1

　親光の長男。麻右衛門。高光とも。1602年（慶長7）より徳川秀忠に仕える。大坂冬の陣では伏見城の守衛をした。大坂夏の陣では戦場で首を獲る手柄を立てた。1625年（寛永2）徳川忠長付きとなる。忠長蟄居ののち、浪人となったが、再び武蔵国で浪人前と同じ300石を賜った。1672年（寛文12）8月16日没。法名「全圓」。赤坂の松泉寺に葬られた。以上は、『寛政重修諸家譜』によるが、墓石には法名「秀山玄哲大居士」と「寛文十一年四月」が刻まれている。江戸期の『駿河記』『駿河史料』などはこの墓石を「小野朝右衛門高寛」の墓としている。なお子孫に有名な山岡鉄舟がいる。

小野於通 (?〜?)

松源寺

　静岡市葵区
　大岩本町 26-1

　小野於通は、安土桃山から江戸初期に生きた才女。経歴に不明な点が多く「浄瑠璃物語」の作者として有名だが、これも疑わしいとされている。織田信長、豊臣秀吉、徳川家康にその才を愛されたとされている。娘が真田信政に嫁いだとされ、真田家ゆかりの東京都練馬区の広徳寺に墓がある。『駿河史料』『嶽南史』など江戸期の書物によると、小野朝右衛門高寛の母を「小野於通」としている。しかしこれらの史料の没年も 1616 年（元和 2）3 月 5 日や 1626 年（寛永 3）6 月 3 日などとまちまちである。法名「知雲宗才大姉」。（寺伝による）

後藤光次 (1571〜1625)

安西寺
静岡市葵区
丸山町23

　もともとの姓は橋本や山崎と名乗っていたらしいが、後藤四郎兵衛徳乗の門人となり徳乗の娘と結婚、後藤姓となった。初代庄三郎で、子孫に世襲していった。家康のもと、御用金匠を務め、光次の花押のある小判が鋳造された。また、幕府の金山管理や家康に貿易などの助言をしたりして、本家の後藤四郎兵衛を凌ぐくらいの出世をした。1625年（寛永2）7月23日没。なお、息子の2代庄三郎広世は家康の子（落胤）という説もある。

竹中重房・重賢 (？〜1615　？〜1642)

松樹院

静岡市葵区
井宮町248

　豊臣秀吉の軍師竹中半兵衛の父の弟の子孫にあたる。重房は重定の子。吉十郎。1600年（慶長5）9才で徳川家康に拝謁。父の跡を継ぎ小姓を務めた。大坂の陣に参戦。1615年(元和元)10月28日没。24才。法名「浄心」。墓石には「安養院」とある。重賢は重房の子。母は織田信重の娘。貞右エ門。重堅とも。1615年(元和元)家を継ぐ。1642年（寛永19）8月21日没。28才。法名「超勝院本高崇岸大居士」。住職によると伏見で没したという。墓石正面に「安養院」「超勝院」とあり、側面には各々の没年月日が刻まれている。この墓は1858年（安政5）後裔の竹中鎌吉源定保の再建立による。

広瀬安行（?～?）

松樹院

静岡市葵区
井宮町 248

　松平信濃守忠明の家臣。学者でもあり更山と号した。忠明の死後、この松樹院の内に住み、忠明の墓守をした。没年は不明だが、3年間墓守をしたと伝えられているので、1808年（文化5）くらいに没したかも知れない。墓石正面に「廣瀬更山先生墓」と刻まれている。

松平忠明 (1765 ～ 1805)

松樹院

　静岡市葵区
　井宮町 248

　1765 年（明和 2）豊後国岡城主中川修理太夫久貞の 4 男として生まれる。幕臣。松平忠次の養子となる。順調に出世していき御書院番頭、日光奉行、蝦夷地見分隊長などを務めた。蝦夷地では、最上徳内、間宮林蔵、高田屋嘉兵衛と交流があった。最上徳内とは意見が合わず忠明が免職にしている。1805 年（文化 2）2 月 14 日没。法名「感応院殿前信州太守見誉利天騰軍大居士」。非常に聡明だったが「半日閑話」によると酒乱だったらしい。浅間神社の棟上げの木遣り音頭の聞こえる場所に埋葬してほしい、という遺言のもと、この地に葬られた。

旭姫 (1543〜1590)

瑞龍寺

静岡市葵区
井宮町 48

1543年（天文12）生まれ。豊臣秀吉の異父妹。徳川家康に臣下の礼をとらせるため、政略的に家康の正室とされる。それまで副田甚兵衛の妻だったが、秀吉の命により無理矢理離別させられた。1586年（天正14）44才のときのことである。家康との間に愛情などなく、子供も当然出来なかった。1588年（天正16）母の大政所の危篤の知らせを受けると駿府より家康とともに上洛。そのまま京都の聚楽第に居続けて、1590年（天正18）1月14日没した。48才。法名「南明院殿光室宗玉大禅定尼」「瑞龍寺殿光室総旭大禅定尼」。この寺の墓は、家康が建てた供養塔であったが、現存のものは再建されたものである。

柴田泰山 (1821〜1884)

瑞龍寺

　静岡市葵区
　井宮町 48

　1821年(文政4)庵原郡庵原村に生まれた。柴田宇右衛門の次男。本名は、正平または昭平。絵画を山梨鶴山に師事して学ぶ。後、京に行き岸岱からも絵を学んだ。静岡市葵区沓谷の長源院に泰山による「鶴の襖絵」が残っている。他、「清正と虎」「張良」「八幡太郎」「牡丹に唐獅子」「富士越の龍」など歴史上の人物や動物などを描いた。神戸麗山・山梨鶴山とともに庵原三山と評された。1884年(明治17) 9月15日没。法名「覚応泰山信士」。墓石側面に法名、没年月日と俗名柴田正平行年六十四才が刻まれている。また妻や子孫も合碑されている。墓石は瑞龍寺墓地の最上段にある。

お愛の方（？～1589）

宝台院

静岡市葵区
常盤町2-13-2

　戸塚忠春娘と服部平大夫娘の2説があり、生まれた年も1552年（天文21）と1562年（永禄5）の2説ある。生誕地とされる場所が掛川市上西郷にある。西郷清員の養女として、浜松城に入り徳川家康の側室となる。家康の3男で後の2代将軍秀忠と4男忠吉を産む。1589年（天正17）5月19日没。28才。病没だが、松平主殿助家忠の家臣稲吉兵衛に殺害されたとの説もある。法名「宝台院殿一品大夫人松誉貞樹大禅定尼」。西郷局ともいわれる。

伊部勘右衛門（？〜1609）

明泉寺

　静岡市葵区
　上石町3-1

　詳細不明だが、徳川家康より駿府に遊郭をつくることを命じられた。下が新しい墓で墓石側面には、「城州伏見産徳川家康家來慶長十四年駿府安倍川町住伊部勘右衛門大松屋開且　昭和十六年八月廿五日まさ建立」とある。墓石から、京都の伏見生まれ・没年が1609年（慶長14）・法名が「大松屋開且」がわかる。上は古い墓である。なお、勘右衛門の作った遊郭は葵区駒形通5の稲荷神社に「双街の碑」として由来が示されている。

日遠 (1572〜1642)

感應寺

静岡市葵区
駒形通1-5-5

　1572年（元亀3）京都に生まれる。日蓮宗の僧。6才の時、日重の弟子となる。33才のときに日乾のあとを継いで身延山22世となる。徳川家康の側室養珠院お万の方の帰依を受けた。1608年（慶長13）日蓮宗の日経と浄土宗の郭山との対論が江戸城で行われた。この対論で日経は負けとされ、家康から全国の日蓮宗諸寺に念仏無間の文証なきことの誓状を出すように命じられた。しかしこれを拒否した日経は京都六条河原において耳と鼻を削がれる酷刑を受けた。同じ宗派の日遠は家康に抗議し、浄土宗との再対論を求めた。しかしこれが家康の怒りにふれ、駿河安倍川で磔刑されそうになったが、これを助けたのが、家康側室お万の方であった。1642年（寛永19）3月5日没。墓石正面に「奉備心性院日遠尊者二百遠忌御報恩」、側面に「慶長十三戊申三月御法難」と没年月日などが刻まれている。同側面より、1841年（天保12）3月に建立されたことがわかる。

小栗尚三 (1816〜1899)

感應寺

　静岡市葵区
　駒形通1-5-5

　相馬縫殿仙胤の3男。1816年（文化13）2月29日生まれ。名は胤富、政寧、直三とも。旗本小栗右膳政長の養子となる。幕臣として出世をし、1864年（元治元）2月京都東奉行となる。同年起きた禁門の変の際、平野国臣ら囚人の処刑を決めた幕臣の1人である。幕府滅亡後は静岡藩に仕え、静岡藩少参事。1872年（明治5）引退するが、1881年（明治14）徳川慶喜の家令梅澤孫太郎の死去によりその後任を務めた。1889年（明治32）8月17日没。84才。法名「要徳院殿尚孝日淳居士」。墓は夫婦の墓で、夫人の豊子は1885年（明治18）5月14日没。法名「至徳院殿妙孝日要大姉」。

浮田幸吉 (1784～1851)

福泉寺

　静岡市葵区
　大工町 4-1

　桜屋瀬兵衛の子。1784 年（天明 4）備前児島郡八浜に生まれる。表具師。地元備前京橋（岡山市北区京橋）で鳩の体重と翼の大きさの割合を自身にあてはめ大きな羽翼を作り空を飛んだ。現在もその場所に表具師幸吉之碑があるが、飛行したのが 1785 年（天明 5）29 才としていて辻褄が合わない。飛行したことが原因で備前を追放され駿府に移住した。備考斎と称して歯科技師をしたという。1851 年（嘉永 4）3 月 25 日没。68 才。墓石には「嘉永四辛亥三月三月廿五日」「備前児島郡八浜」「桜屋瀬兵衛倅幸吉」が刻まれている。静岡県磐田市の大見寺にも墓があるが、こちらは 1847 年（弘化 4）8 月 21 日 91 才の没となっている。

松平重勝 (1549〜1620)

西福寺

　静岡市葵区
　大鋸町4-8

　重吉の4男、1549年(天文18)三河に生まれる。徳川家康に従い、長篠・長久手にも従う。長久手の戦いのときには、首をとる。のち、家康の6男忠輝の家老となり、越後で2万石を領した。忠輝が罪を犯し蟄居となると、秀忠に仕え下総関宿で2万6千石を賜る。1619年(元和5)遠江横須賀に移り、駿府城の城代を兼務する。1620年(元和6) 12月14日駿府に於いて没する。72才。法名「松岳院殿雄誉助白大居士」。

今堀登代太郎 （？～1898）

西福寺

　静岡市葵区
　大鋸町4-8

　今堀能寛の子。越前守。能斎（済）。幕臣で神陰流の達人。鳥羽伏見の戦いのときは、遊撃隊長として戦った。そのとき部下の中に24才の伊庭八郎がいた。幕府滅亡後は、駿河藩大番組頭、静岡藩権少参事を務める。1882年（明治15）講武館道場を開き、静岡県警察本署御用掛となり撃剣を教えた。警視庁主催の1883年（明治16）11月8日向ヶ岡弥生社全国撃剣大会（元新撰組斎藤一も参加）、1884年（明治17）11月4日弥生社撃剣大会に出場した。1898年（明治31）6月3日没。69才。法名「興道院殿仁譽大周能済居士」。墓石には、「今堀能済　仝蔦子　之墓」とある。

青木昆陽 (1698～1769)

玄忠寺

　静岡市葵区
　大鋸町4-1

　1698年（元禄11）5月12日魚屋の佃屋半右衛門の子として江戸に生まれる。江戸町奉行所の与力加藤枝直と懇意であった関係で、大岡越前守忠相に取り立てられた。8代将軍徳川吉宗の命により、飢饉対策用の甘藷（サツマイモ）の栽培を命じられた。この結果、天明の大飢饉ではサツマイモ栽培の影響で多くの命が救われた。著書に『蕃藷考』などがある。1769年（明和6）10月12日没。72才。甘藷先生と言われ、東京都目黒区の目黒不動墓地にある本墓には「甘藷先生墓」とある。幕臣であった子孫が静岡に移住したためここにも墓がある。奥の自然石の「青木氏墓」の裏面に「先祖　本立院殿道譽生安一誠居士」とあるのが昆陽の法名である。

一華堂乗阿（？〜1619）

長善寺

静岡市葵区
本通6-57-1

　戦国〜江戸時代の時宗の僧侶。甲斐の生まれで武田信虎の猶子となる。信虎の子との説もあるが、そうなると信玄とは兄弟となる。僧侶でありながら、文学に秀でて源氏物語・伊勢物語・古今和歌集などの古典研究に深く、徳川家康や林羅山などに講義をした。また連歌師としても有名で1603年（慶長8）に最上義光に招かれ、出羽（山形）に入国した。のち京に戻り1605年（慶長10）6月後陽成天皇の連歌の会、1611年（慶長16）9月には仙洞御所の歌会に参加している。1619年（元和5）7月19日没。89才。(80才の説有り)

梅屋勘兵衛（?～1651）

長善寺

　静岡市葵区
　本通6-57-1

　江戸初期の人物。旅籠「梅屋」の初代主人。この「梅屋」で有名な由比正雪事件が起きている。1651年（慶安4）7月26日幕府転覆を計画していた由比正雪は、梅屋に滞在しているとき幕府方に取り囲まれ、同志たちと自害した。勘兵衛がその後どうなったかは不明だが（追放されたとも）、墓石に「慶安四年〇月廿一日」とあるので事件後すぐに亡くなったのであろう。ここ長善寺の復興に尽力したことにより墓がある。墓石下部に「初代梅屋勘兵衛」とあり、墓石正面には「華台院殿梅漢相阿弥陀佛」と没年が刻まれている。静岡市葵区梅屋町という地名があるが、梅屋があったことに由来する。

落合道次（？～1652）

大林寺

静岡市葵区
安西4-93

　小平次道次は、榊原清次の次男で左平次道久の養子となる。徳川家康に仕え功績多く、感状・金・刀などを賜ったことがある。関ヶ原・大坂の陣にも供奉した。1640年（寛永17）11月15日駿府町奉行となる。1651年（慶安4）7月由比正雪の事件で活躍、正雪を自害させ、その仲間を捕捉した。1652年（承応元）8月9日没。法名「仏性院殿一翁了無大居士」。なお、鳥居強右衛門の磔の姿を旗にした有名な落合左平次という武将がいる。この人物は、武田家に仕えた落合左平次道次（小平次道次とは別人）であり、養父の左平次道久ではない。お寺の案内板にも間違って説明されている。左平次道久と左平次道次の名前や経歴が似通っているため混同されてしまったと思われる。

小出東嶂 (1823〜1889)

大林寺

　静岡市葵区
　安西4-93

　1823年（文政6）生まれ。山梨稲川の甥。高久隆古や渡辺崋山門下の福田半香に画家を学び書道にも通じていた。1873年（明治6）2月静岡提醒社から県内初の郷土新聞「静岡新聞」を発行したときに主筆を務めた。なお発行責任者は山梨易司で山梨稲川の親戚にあたる。静岡新聞は、当時半紙7枚綴り1部2銭5厘で週2回の発行であった。1889年（明治22）5月27日没。

狩野貞長（？〜？）

静岡市葵区
内牧

　南北朝時代の武将で南朝方の武将。安倍城主。はじめ、後醍醐天皇による建武の新政では、内裏や院御所の警備を担当する武者所に務めた。南北朝時代には南朝方の武将として、北朝方の駿府今川範国と対立した。駿河国では南朝方の勢力が強く、宗良親王や興良親王も安倍城に逗留した。この墓石は大正時代に建立された。

今川氏親 (1471？～1526)

増善寺

　静岡市葵区
　慈悲尾 302

　義忠の子。母は北川殿。幼名龍王丸。駿河今川第7代当主。1476年（文明8）に父義忠が戦死すると従兄弟の小鹿範満と家督争いとなるが、上杉政憲や太田道灌、血族の伊勢新九郎（北条早雲）などの介入により、範満が龍王丸の後見人として家督を代行することになった。しかし成人したのちも家督を返上しなかったため新九郎の力を借りて範満を殺し、家督を継いだ。新九郎と協力関係にあり、関東や三河などで共に敵にあたり領土拡大に力を注いだ。1526年（大永6）4月有名な「今川仮名目録」を制定した。氏親自身文化人であり、和歌など好んだ。1526年（大永6）6月23日没。法名「増善寺殿喬山紹僖大禅定」。正室は公家中御門宣胤の娘寿桂尼。

柘植正俊 (1548〜1611)

増善寺

静岡市葵区
慈悲尾302

　1548年(天文17)生まれ。織田信長の弟信治の子で、柘植行正の養子。しかし、行正は1538年(天文7)に没しているとされているので養子は疑問である。このことは、『寛政重修諸家譜』にも記載されている。また、織田信治の子とされているが、信治の生年が1543年(天文12)以降なのは明らかゆえ、信治の子というのも疑わしい。水野信元に仕え、その後信長に仕える。信長の死後は、豊臣秀吉に仕え、その死後は徳川家康に仕える。1600年(慶長5)関ヶ原の戦いにも従い、500石を賜る。その後、加増され1400石。1611年(慶長16)6月2日駿府において死す。64才。法名「宗天」。

柘植正時 (1584〜1642)

増善寺

静岡市葵区
慈悲尾 302

　正俊の子。母は丹羽氏勝の娘。1584年（天正12）摂津国に生まれる。1600年（慶長5）徳川家康に拝謁。大坂の陣に供奉する。1636年（寛永13）豊後（大分県）に配流されている松平忠直（家康孫）の目付を命じられ、かの地に赴く。晩年の約2年半は長崎奉行も務めた。1642年（寛永19）12月9日没。59才。法名「洞英」。父正俊の大きな五輪のすぐ横にある。

柘植正直・正利 (?～1675 ?～1697)

増善寺

静岡市葵区
慈悲尾 302

　正直は、正時の子。1611年(慶長16)9才のときに家康に拝謁。小姓や奉行を務め1645年(正保2)家康の孫松平忠直の目付として豊後国(大分県)に赴く。さらに1651年(慶安4)熊本城主細川光尚が幼少のため国政を監視するためかの地に赴く。1660年(万治3)陸奥仙台藩主伊達綱宗の強制隠居のときには仙台に、1663年(寛文3)幼少の備後国福山藩主水野勝慶の目付として福山に、1667年(寛文7)播磨国姫路藩主榊原政房が卒すると目付として姫路に赴いた。1675年(延宝3)12月2日没。73才。法名「心翁常安居士」。正利は、正直の子。1644年(正保元)3代将軍徳川家光に拝謁。小姓組から御書院番を務めた。1697年(元禄10)5月1日没。67才。法名「空林道〇居士」。向かって左が正直、右が正利の墓。

松平勝政 (1573～1635)

増善寺

静岡市葵区
慈悲尾 302

　徳川家康の母お大の方の弟水野忠分の5男。家康の家臣。家康の異父弟松平源三郎勝俊（母はお大の方）の死後、その娘を娶り跡を継ぐ。勝俊が亡くなったのが1586年（天正14）、勝政14才。勝俊の娘と婚礼を行ったのが1601年（慶長6）であることからその間は婚約中だったと思われる。1600年(慶長5)関ヶ原の戦いや1614年(慶長19)・1615年（元和元）の大坂の陣にも従う。1633年（寛永10）駿府の城番となり、1635年（寛永12）6月10日没。63才。法名の「道罷」が墓石に見える。

松平勝忠 (1623～1680)

増善寺

静岡市葵区
慈悲尾 302

　勝義の次男。勝政の孫。母は安藤重能（大坂夏の陣で討死）の娘。豊前守。1634年（寛永11）8月16日、駿府で兄の勝則と3代将軍徳川家光に拝謁。1645年（正保2）6月25日に御書院番、1669年（寛文9）7月8日には書院番組頭となった。1669年（寛文9）7月26日に兄の勝則、1670年（寛文10）11月17日に父勝義が亡くなったため、同年12月18日家督を継いだ。1674年（延宝2）8月29日に大番頭、1676年（延宝4）6月3日に駿府城代に任命された。このとき2千石を加増され、知行は9千石となった。1680年（延宝8）5月24日没。58才。法名「慈明院殿前豊州梅室道雨大居士」。

聖一国師 (1202～1280)

回春院

　静岡市葵区
　蕨野103

　本名は円爾。静岡市葵区栃沢の生まれで生誕地碑が建てられている。幼い頃より久能山久能寺の堯弁に師事して天台を学び、その後長楽寺の栄朝、次いで寿福寺の行勇に師事して臨済禅を学んだ。1235年（嘉禎元）宋に渡り無準師範に師事。帰国後、博多の承天寺を開山、さらに京都で東福寺を開山する。晩年はこの地に戻り宋から持ち帰った茶を植え、本山茶の栽培を行った。なお、博多祇園山笠の起源も聖一国師によるものとされる。1280年（弘安3）10月11日没。死後1311年（応長元）に花園天皇から「聖一国師」が贈られた。墓石に「當院開山〇〇〇〇 聖一国師大和尚」と没年月日が読み取れた。ここ回春院も聖一国師の開山による。

大石五郎右衛門 (?～?)

静岡市葵区
上落合

　戦国時代の武士。安倍七騎の1人として数えられる豪傑。朝倉時景の養女を妻とした。当時この地は、徳川・武田の争いの渦中であった。武田家の家臣であった五郎右衛門は、徳川家に従おうとする朝倉家にとって邪魔な存在となり、義兄である朝倉周景の家臣白鳥源角によって討たれた。源角の5本の矢を受け立ったまま亡くなったとされ、「立ン場」という場所が残っている。没年等は不明であるが、墓石に「元和十三天十一月七日」とある。元和は江戸初期の年号で、10年のときに寛永となっており元和13年は存在しない。また法名「寂叟雪玉日信士」と墓石にあるが、戦国時代に「信士」は子供に付けるものであり、大人で「信士」は私の知る限りごくごく稀である。このように不思議な墓石ではあるが、地元では五郎右衛門の墓として、大施餓鬼会が毎年行われている。

朝倉時景 (?~1578)

静岡市葵区
柿島

　柿島朝倉初代。景高の次男。父の兄である越前朝倉家の10代当主孝景に反発して、駿府の今川家を頼り家臣となる。兄は景鏡は越前に残ったが、のちに越前朝倉家を滅ぼしている。今川家滅亡後は、武田家に従ったと見られるが詳細は不明。1578年（天正6）2月6日没。法名「定林寺殿剛中法金大居士」。資料が少ないため、初代時景と2代周景の2人の経歴が、周景1人の経歴として伝えられているところがある。墓は、「柿島」バス停の東の朝倉家墓地内にある。

朝倉周景 (?〜1615)

静岡市葵区
柿島

　柿島朝倉初代時景の大きな墓の右隣りにある。周景は、初代時景の子で柿島朝倉の2代目。在重、在宣ともいう。朝比奈信置の同心衆で武田家に仕える。その後、徳川家康に仕え長久手の戦いに参陣。家康の関東国替えのときにはこの地に残り、新しい領主中村一氏に属した。家康はこの事を不快に思ったというが、再び家康が駿府に戻った時にこれを許した。1615年（元和元）11月6日没。71才。墓石に没年と法名「興隆院殿壽室全勝大居士」と妻の法名も刻まれている。なお越前朝倉義景の父孝景と、周景の祖父景高は兄弟である。

朝倉宣正 (1573〜1637)

静岡市葵区
柿島

　初代時景の左隣りにある。周景の子で柿島朝倉家の3代。1573年（天正元）生まれ。徳川家康家臣。1590年（天正18）小田原合戦ころに家康の3男秀忠に付属させられた。1600年（慶長5）信州上田城攻めに功があり、小野忠明や中山照守らとともに「上田の七本槍」と称された。大坂の陣のときには、江戸で留守居役。その後も順調に出世していき、家康から御書と紋付の団扇を拝領している。1621年（元和7）には加増により1万石の大名になる。このころ徳川忠長に付けられ家老となる。忠長が3代将軍家光により領地を取り上げられると、宣正も罪を被り大和国郡山に蟄居する。1637年（寛永14）2月6日没。65才。墓石には没年と法名「興禅院殿大雄玄英大居士」と妻の法名が刻まれている。

一条一 (1791〜1868)

見性寺

静岡市葵区
新間1089-132

　1791年（寛政3）九郎左衛門の子として生まれる。名は義勝。江戸で武術を学び、剣術・槍術に優れていた。1837年（天保8）大坂で大塩平八郎の乱が起こると、奉行の跡部良弼の下で活躍。大塩平八郎の乱での第一犠牲者となる小泉淵次郎（18才）を討ち取った。晩年は地元である大原で過ごした。1868年（慶応4）7月3日没。78才。法名「通玄院枝山良信居士」。五輪塔は1964年（昭和39）月に子孫一條濱三の建立による一条一夫妻の墓で、横の柱状形の墓にも法名が刻まれている。

山田長政 (?〜1630)

静岡市葵区
富厚里

　仁左衛門。実在の人物だが経歴がさだかでなく、出生地もここ富厚里とされているが、他にも何カ所か伝えられている。徳川家康の家臣大久保忠佐の駕籠かきとして仕えていたが、のち朱印船で長崎から台湾を経てシャム（タイ王国）に渡った。シャムのアユタヤ日本人町で傭兵の長となり活躍。関ヶ原の戦いで浪人となった日本人兵は強兵で、スペインの侵攻を2度も撃退させた。この功績により王女と結婚。アユタヤ王朝のリゴールの王となり1630年（寛永7）パタニとの戦闘中に負傷したとき、毒入りの薬を塗られたため死亡したという。

諏訪信真① (?～1569)

龍泉院
　静岡市葵区
　井川582

　諏訪信真は安倍信真とも言われることがあるが、子の元真のときに諏訪姓から安倍姓になったと思われる。信真の詳細はわからないが、今川義元・氏真に仕えた。徳川家康とは、義元配下としての同じ家臣。1564年（永禄7）5月3日没とされているが、これは明らかに間違いで実際は1569年（永禄12）に武田信玄の謀略による一揆により討死したものと思われる。法名「義鏡院殿節当祖忠大居士」。この柱状形の墓石は1869年（明治2）の建立による。

安部元真② (1513〜1577)

龍泉院

　静岡市葵区
　井川 582

　墓石正面「安部大蔵君元真墓」。この柱状形の墓は1786年（天明6）に子孫によって建立されたものである。元真の没年は1577年（天正5）とされているが、1587年（天正15）説もあり、後者として考えれば200回忌に建立されたことになる。

海野元重（?〜1665）

龍泉院
　静岡市葵区
　井川 582

　弥兵衛元定（本定とも）の子。海野弥兵衛家の2代目。父と同じく徳川家康に仕える。7ヶ村の支配を認められ、金山の御用、御茶壺詰の御用などを務めた。家康の死後は、家康の10男頼宣に仕えた。1665年（寛文5）没。墓石に法名「見壽院殿松山玄鷹居士」と没年月日の「寛文五乙巳年林鐘念一日」が刻まれている。林鐘とは陰暦の6月のことをいうので没年月日は6月1日であろう。父で初代元定もこの龍泉院に葬られたが墓石を特定することが出来なかった。子孫の弥兵衛家11代孝三郎信常は、清水港をお茶の輸出の拠点とすることに貢献している。

諏訪信真② (？〜1569)

静岡市葵区
井川

　龍泉院本堂の真北100mの墓地内にある。墓地には長島家の墓が多いが、東側の上の長島家墓域にある。墓石正面に信真の法名「義鏡院殿節當祖忠大居士」が刻まれている。墓石はかなり小さく分かりにくい。墓石には永禄七年（1564年）の没年が刻まれているが、後世に建立された墓石ゆえ誤ったと思われる。また、信真の長男が井川で勢力のあった長島家を継いだ関係でここに墓石が建立されたと思われる。

宝台院別院　榊原家墓地

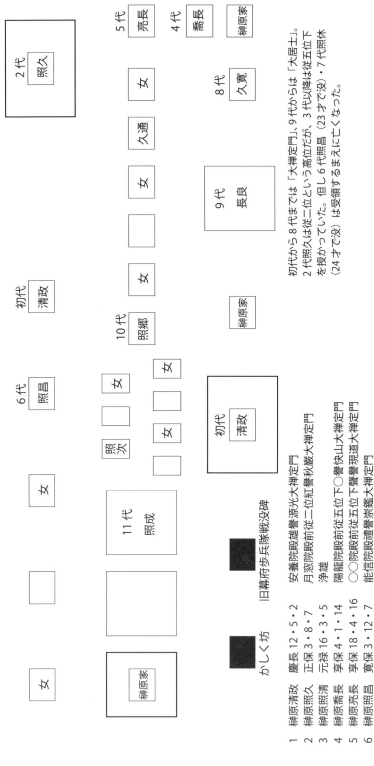

初代から8代までは「大禅定門」、9代からは「大居士」。
2代照久は従二位という高位だが、3代以降は従五位下
を授かっていた。但し6代照昌（23才で没）・7代照休
（24才で没）は受領するまえに亡くなった。

1	榊原清政	慶長 12・5・2	安養院殿雄譽源光大禅定門
2	榊原照久	正保 3・8・7	月恩院殿前従二位紅譽秋厳大禅定門
3	榊原照清	元禄 16・3・5	浄雄
4	榊原高長	享保 4・1・14	陽龍院殿前従五位下〇譽快山大禅定門
5	榊原亮長	享保 18・4・16	〇〇院殿前従五位下譽現道大禅定門
6	榊原照昌	寛保 3・12・7	能信院殿譽禮鑑大禅定門
7	榊原照休	延享 2・7・23	瑞應
8	榊原久寛	宝暦 6・6・26	顕會院殿従五位下現譽勝道大禅定門
9	榊原長良	文化 12・11・12	天相院殿前従五位下霊譽徳信亀洞大居士
10	榊原照郷	天保 6・2・9	義徳院殿従五位下功譽崇厳亀榮大居士
11	榊原照成	安政 5・9・29	徳照院殿前従五位下成譽月堂寛光大居士

参考文献

『新訂寛政重修諸家譜』　平成 8 年　続群書類従完成会
『静岡戦国武将墓巡り』　平成 23 年　岩堀元樹　羽衣出版
『季刊清水』　第 46 号　平成 25 年　戸田書店
『清見潟』　第 2 号　平成 4 年　清水郷土史研究会
『清見潟』　第 5 号　平成 7 年　清水郷土史研究会
『清見潟』　第 8 号　平成 10 年　清水郷土史研究会
『清見潟』　第 9 号　平成 11 年　清水郷土史研究会
『清見潟』　第 10 号　平成 12 年　清水郷土史研究会
『清見潟』　第 14 号　平成 17 年　清水郷土史研究会
『清見潟』　第 17 号　平成 20 年　清水郷土史研究会
『清見潟』　第 23 号　平成 26 年　清水郷土史研究会
『清見潟』　第 26 号　平成 29 年　清水郷土史研究会
『清見潟』　文久元年　新宮高平
『静岡市の史話と伝説』　昭和 42 年　飯塚伝太郎　松尾書店
『海野のものがたり』　平成 11 年　海野武　駿河海野会
『越前国大野領主朝倉家とその後裔』　駿河国朝倉家　平成 10 年　山崎一敏
『戦国大名今川氏四代』　平成 22 年　大塚勲　羽衣出版
『大森山長源寺誌』　平成 5 年　村松圭三

おわりに

　もともとは徳川家康とその周辺人物の墓巡りを趣味としていて、それ以外の人物の墓には正直それほど興味がなかった。しかし、清水郷土史研究会（あまり積極的には参加してはいないが）の会員であり、また静岡市内に著名人の墓が多いような気がしていたこともあり、一度郷土に眠る偉人がどれほどいるのか調べてみたくなった。調べていくうちに、想像以上に多彩な人物の墓があり探墓するのが楽しくなった。戊辰戦争のとき、上野に籠って討死した人物、会津で討死した人物、五稜郭に籠もって戦った人物などの墓が、静岡市にあった。そういう人物たちの墓の前に立つと、ほんの150年ほどの年月ではあるが、それを飛び越えて邂逅した気持ちにもなれた。

　このような喜びとともに、ここに上梓することが出来たのも、羽衣出版の松原社長のおかげであります。ここに感謝の意を表します。

　また1人でも多くの方に郷土の偉人のお墓巡りをしてもらえたらと思います。

〈著　者〉

岩堀元樹（いわほり・もとき）

昭和 46 年　静岡県清水市（現：静岡市清水区）生まれ
平成　5 年　東海大学理学部情報数理学科卒業　望月燃料㈱入社
現　　在　日本印刷工業㈱東京営業所に勤務

清水郷土史研究会所属
歴史研究会所属
手話サークル「たつの子会」所属
清水弓道会所属
静岡県聴覚障害者ボウリングクラブ所属
清水地区ボランティア連絡会役員

blog　「きち様」http://pink.ap.teacup.com/motokiki/
HP　　「戦国墓所めぐり・・徳川家康とその周辺・・」
　　　　http://kichisama26.jimdo.com/

著書　「静岡戦国武将墓巡り 家康ゆかりの武将たち」(羽衣出版・平成23年)

現住所　〒424-0926　静岡市清水区村松 1-4-8
ＴＥＬ　090-9894-1540

静岡市歴史人物墓巡り

平成31年1月26日発行
定価 本体2,778円＋税

著　者　岩堀元樹
発行人　松原正明
発　行　羽衣出版
〒422-8034　静岡市駿河区高松3233番地
TEL　054-238-2061
FAX　　〃
http://hagoromo-syuppan.sakura.ne.jp

ISBN978-4-907118-40-2 C0021 ¥2778E